옐로우 큐의 살아있는
해양 박물관

| 초등 과학 교과연계도서 |

4-1　지층과 화석, 물체의 무게
4-2　화산과 지진
5-1　다양한 생물과 우리 생활
5-2　생물과 환경, 날씨와 우리 생활
6-1　지구와 달의 운동, 빛과 렌즈

| 중등 과학 교과연계도서 |

1　지권의 변화, 여러 가지 힘,
　　 생물의 다양성, 빛과 파동
2　태양계, 수권과 해수의 순환
3　기권과 날씨

| 일러두기 |
본문에서 책 제목은 『 』, 강조 단어는 ' '로 구분해 사용했어요.

옐로우 큐의 살아있는
해양 박물관

해저 과학 2만 리

윤자영 글 | 해마 그림

안녕로빈

옐로우 큐와 체험 친구들

옐로우 큐 어린이 여러분 안녕!『옐로우 큐의 살아있는 해양 박물관』에 오신 걸 환영해요. 저는 생물학과 지질학, 기상학 등 과학 전반에 지대한 관심이 있는 과학 커뮤니케이터입니다. 우리 함께 듀공과 향유고래, 대왕오징어와 황제펭귄 같은 바다의 생물들을 만나 볼까요. 출바~알!

민서연 과학 영재반을 준비하는 내게 창의력 발표 대회는 너무 중요해. 그런데 먹보 오백근과 외톨이 천동해와 한 모둠이라니! 게다가 해양 박물관에 왔다가 소설『해저 2만 리』속으로 들어왔지, 뭐야. 대체 어떻게 해야 돌아갈 수 있는 거야?

천동해 바닷가 마을에서 전학을 왔다고 반 아이들이 놀려서 혼자 있기로 했지. 난 현실코다 『해저 2만 리』 노틸러스호에서 지내는 게 더 좋아. 아름다운 바닷속을 감상하며 그림이나 그릴래.

오백근 노틸러스호는 너무 멋있어. 놀라운 바다 극장과 풍성한 식탁. 침대는 또 얼마나 안락한지! 바다 식재료가 가득한 주방에서 친구들이 비웃던 나 양념 가방이 활약했어. 따라와, 나의 환상적인 요리를 맛보게 해줄게.

네모 선장 노틸러스호에서는 내 말이 곧 법! 너희들도 명심하는 게 좋을 거야. 이제부터 잠자코 잠수함 여행을 하도록!

차례

이야기의시작 한심한 모둠   008

1 전설의 노틸러스호   020
옐로우의 수업노트 01 철로 된 잠수함은 어떻게 물에 뜰까?   042

2 경이로운 바다 세상   046
옐로우의 수업노트 02 다양한 생물, 어떻게 분류할까?   064

3 돌아갈 마음이 사라진 걸까?   068
옐로우의 수업노트 03 바다 자원은 미래 에너지   080

4 가장 깊은 바다, 마리아나 해구로   082
옐로우의 수업노트 04 지구 내부는 어떻게 생겼을까?   090

5 해저 지진을 뚫고   094
옐로우의 수업노트 05 지진은 왜 일어날까?   104

6 감동의 빵나무   106
옐로우의 수업노트 06 밀물과 썰물, 그 힘의 정체   118

7 원주민에게 생포되다 122
  옐로우의 수업노트 07 빛과 렌즈 132

8 듀공을 먹을 수는 없어 136
  옐로우의 수업노트 08 위기의 바다 프유류 156

9 혹한의 땅, 남극에서 160
  옐로우의 수업노트 09 남극은 대륙, 북극은 바다 174

10 바다 소용돌이, 메일스트롬 180
  옐로우의 수업노트 10 태풍은 왜 생길까? 190

이야기를 마치며 **환상의 모둠** 194

◆ 고전 명작 『해저 2만 리』,
  치밀한 과학 상상력이 만들어 낸 최고의 해양 소설 198
◆ 옐로우 큐의 편지 200

이야기의 시작 **한심한 모둠**

회장 민서연은 곧 있을 과학 창의력 발표 대회를 벼르고 있었다. 과학 영재반에 들어가려면 이번 대회에서 좋은 성적을 받아야 한다. 잠시 후 함께할 모둠을 정할 것이다.

'우선 반대표로 뽑히는 게 중요하지. 누구랑 같이할까?'

서연이 주위를 둘러보았다. 오백근이 크루아상을 먹고 있었다. 백근은 양념 가방을 싸서 가지고 다닐 정도로 음식을 사랑하는 먹보였다. 점심시간에도 히말라야 소금을 미역국에 뿌려 먹었다.

"야! 오백근, 학교에서 뭐 좀 먹지 마. 급식 먹은 지 얼마나 됐다고, 또 먹니?"

백근은 서연의 핀잔에도 아랑곳하지 않고 반쯤 남은 크루아상을 크게 벌린 입안으로 밀어 넣었다.

"회장, 인간의 가장 큰 욕구는 식욕이야. 제발 나의 행복을 막지 말아 줘. 그리고 이건 디저트야."

서연이 고개를 절레절레 흔들고 있는데 지현이 다가왔다.

"회장, 담임선생님께서 부르셔. 얼른 교무실로 가 봐."

선생님은 서연을 보고 살짝 미안한 표정을 지었다.

"서연아, 이따 모둠을 정할 때 네가 천동해를 맡아 줘."

그 말은 서연에게 청천벽력과도 같았다.

천동해는 얼마 전 전학해 온 남자아이다. 어디 바닷가에서 왔다고 했는데, 새까만 얼굴에 덥수룩한 머리 때문인지 아무도 가까이 하지 않았다. 몇몇 짓궂은 아이들이 생선 비린내가 난다고 놀린 바람에 더더욱 그랬다. 동해는 아이들이 뭐라 놀리든 대꾸하지 않았고 그저 공책에 그림만 그렸다.

발표 대회는 세 사람이 한 팀을 만들어서 나가야 한다. 동해와 같이 하겠다는 아이들이 분명 아무도 없을 것이다.

"선생님, 그건 곤란해요. 저 과학 영재반에 들어가야 하는 거 잘 아시잖아요. 이번에 상을 타야지 가산점을 받는단 말이에요."

"누가 상타지 말래? 동해와 해서 상받으면 되잖아."

"그, 그건……."

"동해가 적응을 못하는 것 같아서 그래. 모둠을 꾸릴 때 동해만 혼자 남으면 안 되잖아. 선생님은 학급에서 소외되는 학생이 없도록 돕는 게 회장의 역할이라고 생각해."

그놈의 회장 역할! 청소할 때도, 심부름할 때도, 급식 시간에도, 선생님은 회장의 역할을 늘 강조하셨다.

교실로 들어온 서연의 어깨가 푹 내려앉았다. 창가 자리에 앉은 동해를 보았다. 여느 때처럼 연필로 무언가 그리고 있었다. 서연은 정신이 번쩍 들었다. 동해와 모둠을 하려면 나머지 한 명은 제대로 된 친구를 구해야 한다.

"지현아, 발표 대회 말이야. 나랑 같은 모둠 할래?"

부회장 지현에게 모둠을 제안했다. 하지만 지현은 천동해도 함께 할 거라는 말에 약속한 친구가 있다고 했다. 다른 아이들에게도 말해 봤지만 다들 고개를 저었다.

수업 시작종이 울리고 선생님이 들어오셨다.

"다들 점심 맛있게 먹었나요?"

"네!" 하는 오백근의 우렁찬 목소리가 서연의 귀를 때렸다.

왠지 모를 불안감이 밀려왔다.

"자, 예고한 대로 모둠을 짜고 주제를 정합시다. 우리 반이 21명이니까 3명씩 팀을 짜면 되겠네요. 시작하세요."

반 아이들이 이리저리 자리를 옮겨 가며 팀을 짰다.

'하아, 어떻게 하지?'

서연이 고개를 돌려 동해를 보았다. 동해는 발표 대회에는 관심이 없다는 듯 고개를 숙인 채 그림만 그리고 있었다.

다시 고개를 돌리는데 선생님이 눈에 힘을 주고 동해 쪽으로 턱짓하셨다. 어서 가라는 뜻이다.

망했다. 서연은 자포자기의 심정으로 동해에게 갔다. 동해는 가리비를 그리고 있었다. 솜씨가 제법이었다.

"천동해."

동해가 고개를 들었다.

"너도 팀을 짜야지?"

동해는 주변을 둘러보았다.

"나랑 하자고? 맘대로 해."

동해는 다시 그리기에 열중했다. 서연은 이마를 짚었다. 스트레스 때문에 열이 나는 것 같았다.

"자, 이제 모둠끼리 모여서 주제를 정하세요. 아직 모둠을 정하지 못한 사람 있으면 손을 드세요."

'엥, 벌써 다 정해졌다고?' 서연이 당황하고 있을 때, 백근이 싱글거리며 손을 들었다. 선생님이 씩 웃으며 말했다.

"백근이는 저기 회장네 모둠으로 들어가면 되겠네요."

불길한 예감은 곧잘 현실이 된다. 백근은 서연과 동해를 향해 두툼한 손을 연신 흔들어 댔다.

'뭐가 좋다고 저래?'

서연이 입을 삐죽 내밀었다.

서연은 그렇게 오백근, 천동해와 한 팀이 되었다. 한심하고 암담

했다. 하지만 팀을 이끌 사람이 자신밖에 없다는 생각에 애써 기운을 끌어 올렸다.

"애들아, 싫든 좋든 우린 이제 한 팀이야. 잘해보자."

"회장 마음대로 해. 난 무조건 찬성이니까. 천동해, 회장 말대로 우리 최선을 다해 보자."

백근이 실실 웃으며 말했고 동해는 고개만 끄덕였다.

어느새 수업 시간이 10분밖에 남지 않았다.

"오늘 주제까지 정하기는 힘들 것 같아. 내일이 토요일이니까 가까운 해양 박물관부터 가 보자? 아이디어를 얻을 수 있을 거야."

서연의 제안에 백근이 손뼉을 딱! 쳤다.

"회장, 난 무조건 찬성이야."

"동해, 너는 어때?"

동해는 이번에도 고개만 끄덕였다. 바닷가에서 살다 왔으니 해양 박물관에 가는 게 싫지는 않은가 보다.

토요일 아침, 이른 시간인데도 과학 박물관은 표를 사려는 사람들로 북적였다. 서연은 기다리지 않으려고 입장권을 미리 사 두었다. 줄을 서지 않아도 된다는 말에 백근이 "회장 최고!"라며 싱글거렸다.

서연은 박물관 해설도 신청해 두었다.

"해설사 선생님을 홀에서 만나기로 했는데, 어디 계시지?"

그때 한 남자가 중앙 홀을 가로질러 아이들을 향해 걸어왔다. 세 아이는 토끼 눈을 하고 남자를 보았다. 해설사 선생님이라고 하기에는 차림새가 과감했다. 옷과 신발, 모자와 안경까지 노란색이었다. 가슴에 달린 Q 배지도 황금색으로 빛나고 있었다.

"너희가 박물관 해설을 신청한 아이들이니?"

서연이 손을 들며 대답했다.

"네, 저는 민서연이고, 얘들은 오백근과 천동해예요."

아이들이 인사를 꾸벅했다. 노란색 남자는 손을 입에 대고 헛기침을 두어 번 했다.

"흠흠! 나는 해양 박물관 해설을 하는 옐로우 큐야. 에, 나로 말할 것 같으면 물리학, 생물학, 지질학, 화학, 천문학에 통달한 건 아니고, 지대한 관심이 있는……."

으으, 옐로우 큐는 설명을 지나치게 길게 하는 선생님이었다. 길고 긴 설명이 언제쯤 끝날까 기다리고 있는데, 눈치 없이 백근이 나섰다.

"옐로우 큐 선생님, 옷 색깔은 이름에 맞추신 건가요?"

"이름이 옐로우니까 옷도 당연히. 아니지! 내가 설명하다 말고 뭔 소리를 하는 거지? 그러니까 바다는 오대양으로 태평양, 대서양, 인도양, 북극해, 남극해르 나뉘는데……."

오백근이 다시 옐로우 큐의 말을 끊었다.

"선생님, 그 황금 배지는 뭘가요? Q 자가 멋있어요."

"이건 위기의 순간에 힘을 발휘하는 전설의……. 에끼! 선생님이 설명하잖니. 말을 끊으면 못써. 가만, 어디까지 했더라?"

옐로우 큐는 자신이 또 말려든 것을 눈치챘지만 하려던 말을 잃어버린 것 같았다. 서연이 안 돼다 싶어 나섰다.

"선생님, 여기 해양 박물관의 자랑인 VR 체험을 먼저 하면 어때요? 그 후에 설명을 들으면 더 실감 날 것 같은데요."

"우아! 여기 VR 관이 있어요, 선생님. 빨리 가요, 제발!"

백근이 졸랐고 옆에 있는 동해의 눈빛도 간절해 보였다.

"음, 그렇지. 해양 VR 체험이야말로 우리 박물관 최고의 자랑이야. 좋아, 따라와라."

옐로우 큐도 신나는지 흔쾌히 VR 체험실로 아이들을 안내했다. 체험실 안에 들어서자, 놀이동산에나 있을 법한 아담하게 생긴 잠수함 모양의 탈것이 보였다.

"모두 자리에 앉아서 앞에 있는 VR 헤드셋을 쓰렴."

백근이 "야호!" 하며 제일 먼저 잠수함에 올랐다. 뒤이어 서연과 동해도 자리에 앉아서 VR 헤드셋을 썼다.

"오늘 우리는 이 잠수함을 타고, 바다의 가장 깊은 곳인 '마리아나 해구'를 갈 거야. 마리아나 해구는 태평양 북마리아나 제도 연방의 동쪽에 자리 잡고 있는데, 평균 수심이 8,000m이고 가장 깊은 비티아즈 해연은 무려 10,000m……."

다시 옐로우 큐의 개미지옥 같은 설명이 시작되었다. 서연이 백근의 등을 쿡 찔렀다. 그러자 백근이 주먹 쥔 손을 높이 들며 외쳤다.

"마리아나 해구로 출바~알~!"

"이놈 오백근, 좋아. 눈으로 보는 게 최고지!"

옐로우 큐가 잠수함의 앞자리에 앉아서 빨간색 시작 버튼을 눌렀다. 그러자 컴컴했던 시야가 밝아지면서 바다 위로 잠수함이 두둥, 떠 있는 영상이 보였다. 영상은 잠수함 속에서 밖을 내다보는 장면으로 바뀌었고, 잠수함은 영상에 맞추어 바다 깊은 곳으로 서서히 내려갔다. 진짜 바닷속을 탐험하러 가는 듯했다.

"와아, 실감나는데?"

서연의 입에서 감탄이 절로 터져 나왔다. 더 깊은 바다로 들어가니 시야가 어두워졌다. 음산한 음악이 들리면서 심해 아귀가 큰 입을 쩍 벌리고 나타났다. 마치 잠수함을 먹어 치우려는 듯했다.

"으악! 무서워."

아귀가 영상 속 잠수함을 물고 흔들자, 아이들이 타고 있는 잠수함이 크게 흔들렸다. 얼마나 세게 흔들리는지 몸이 이리저리 기울다 못해 가장자리에 사정없이 부딪혔다.

'가상 체험이라고 하기엔 너무 심한 것 같은데?'

이상하다고 생각한 서연이 헤드셋을 벗었다. 그런데 한쪽에 서 있던 기다란 붐 마이크가 휙 쓰러지는 게 아닌가? 잠수함뿐 아니라 건물 전체가 흔들리고 있었다.

"지진이닷!"

서연이 겁에 질려 백근과 동해의 헤드셋을 벗겼다.

"뭐야, 왜?"

백근의 물음에 서연이 손가락으로 천장을 가리켰다.

"이건 가상이 아니야. 진짜 지진이 일어났어. 저길 봐."

천장에 매달린 조명들이 떨어질 것처럼 크게 흔들렸다.

옐로우 큐는 사태를 알지 못하고 헤드셋을 쓴 채 즐거운 비명을 지르고 있었다.

"선생님, 지진이 났다고요!"

옐로우 큐는 서연과 백근의 외침을 듣지 못했다. 안 되겠는지 동해가 벌떡 일어나서 옐로우 큐의 헤드셋을 벗겼다.

"아직 영상이 안 끝났는데, 너희들 왜 그러니?"

옐로우 큐가 어리둥절한 얼굴로 물었다.

"선생님, 진짜 지진이 났어요. 진짜요!"

옐로우 큐가 아이들이 가리킨 천장을 올려다봤을 때, 묵직해 보이는 조명이 아래쪽으로 기울어지고 있었다. 바로 그 밑에 옐로우 큐와 백근이 있었다. 동해가 소리쳤다.

"백근아, 선생님. 어서 피해요."

덜컹! 조명 시설이 아래로 쏟아져 내렸다. 옐로우 큐가 온몸으로 백근을 감싸며 소리쳤다.

"으악! 살려 줘~!"

그때였다. 옐로우 큐의 가슴에 달린 Q 배지에서 빛이 뿜어져 나왔다. 그 빛은 점점 밝아지더니 방 안을 온통 환하게 만들었다. 눈이 부셨다. 서연은 눈을 꼭 감았다. 귓가에 메아리가 들렸다.

깊고 넓은 바다로 가라.

경이로운 바다를 체험하라.

모두 하나가 되어라.

1
전설의 노틸러스호

첨벙!

공중에서 떨어진 옐로우 큐와 아이들이 물속으로 곤두박질쳤다. 서연은 본능적으로 손발을 휘저어 물 위로 떠 올랐다. 주위를 둘러보니 망망대해, 진짜 바다였다. 도대체 어떻게 된 영문인지 몰라 서연은 혼란스러웠다.

"살려 줘, 켁! 살려……"

뒤를 돌아보니, 옐로우 큐가 긴 팔다리를 휘저으며 허우적거리고 있었다. 윽! 수영을 못하는 선생님이라니. 서연은 눈앞이 캄캄했다. 저쪽 바다에서 천동해가 오백근을 끌면서 서연 쪽으로 헤엄쳐 오고 있었다.

서연은 동해가 너무도 반가웠다.

"헉헉! 민서연, 너 수영할 줄 아는구나."

서연은 먼저 말을 거는 동해가 낯설어서 쳐다만 보았다. 동해는 서연의 대답을 기다리지 않고 이어 말했다.

"내 말 잘 들어. 백근이는 기절했어. 네가 여기 뒤쪽 옷깃을 잡고 물에 떠 있어 줘. 내가 선생님부터 구할 테니까."

"응, 알았어. 근데 여기는 바다 말고는 아무것도 없어."

서연의 말에 동해가 손가락으로 뒤쪽을 가리켰다.

"아니. 저기 검은 바위 보이지? 우리는 저기로 갈 거야."

동해가 가리킨 곳에 작고 검은 바위섬이 있었다. 다행히 파도가 잔잔해서 어렵지 않게 물에 떠 있을 수 있었다. 그렇지만 자꾸 입으로 짠물이 들어와서 견디기 힘들었다. 동해는 빠른 속도로 헤엄쳐서 옐로우 큐에게 다가갔다. 물속으로 쑥 들어가서 옐로우 큐의 등 뒤에서 얼굴을 양손으로 움켜쥐고 물 위로 떠 올랐다.

"선생님, 힘 빼세요."

"컥, 살려 줘."

동해는 옐로우 큐를 끌고 헤엄쳐 와서 바위에 기어오를 수 있게만 해 두고 곧바로 서연과 백근에게로 왔다. 그러고는 물에 둥둥 뜬 백근을 끌고 앞으로 나갔다. 서연도 동해를 따라 헤엄쳐서 검은 바위 위로 올라왔다.

옐로우 큐가 캑캑거리며 물을 토해 냈다.

"쿨럭쿨럭! 네가 날 살렸어. 고맙다. 천동해라고 했니? 어쩜 그렇게 수영을 잘하니?"

"동해는 바닷가에서 살다가 전학해 왔어요. 그런데 선생님, 우리가 왜 갑자기 바다로 떨어진 거죠? 가상 세계인가요?"

서연이 빠르게 묻고는 옐로우 큐의 대답을 기다렸다. 옐로우 큐가 주위를 둘러보았다.

"그, 그러게. 나도 어떻게 된 건지 잘 모르겠어. 다들 괜찮니?"

그러다 바닥에 널브러진 백근을 보았다.

"백근이는 어떻게 된 거니?"

"기절한 것 같아요."

"기절? 물을 먹었다면 위험한데."

옐로우 큐가 중얼거렸다.

그 순간, 백근이 "커엉!" 하면서 물을 내뿜더니, 드르렁드르렁 코를 골기 시작했다. 이런 엄청난 위기 상황에서도 태평스럽게 잠을 자는 백근을 보며 셋은 혀를 내둘렀다.

서연은 옐로우 큐의 Q 배지가 빛나는 순간을 기억해 냈다. 마치 만화에서나 봤던 타임머신의 한 장면처럼 세상이 빙글빙글 돌았었다. 지진으로 조명이 떨어지는 순간에 영상 속의 바다가 넘실거렸다. 바다 위로 소용돌이가 일더니 구멍이 점점 커졌고, 네 사람이 그리로 빨려들었다. 그와 동시에 소리가 떠올랐다.

"선생님, 아까 지진이 일어났을 때요. Q 배지에서 빛이 났어요. 그리고 어떤 목소리가 메아리처럼 들렸어요."

옐로우 큐는 자기 가슴에 달린 Q 배지를 보았다.

"이 Q 배지는 박물관 선생님들에게 비밀스럽게 전해지는 거야. 타임머신처럼 시공간을 이동해 준다고는 했는데, 난 믿지 않았어. 그런데 그 말이 사실인가 보네."

"주인이 그것도 몰랐어요?"

서연의 말에 옐로우 큐가 억울한 표정을 지었다.

"나도 받은 지 얼마 되지 않았다고."

"그럼, 목소리는 뭐예요. 하나가 되라고 한 것 같은데."

"글쎄다."

아까부터 검은 바위섬을 돌아보던 동해가 끼어들어 말했다.

"선생님, 민서연. 여긴 바위섬이 아니야."

망망대해에 떨어진 것도 황당한데, 난데없이 지금 서 있는 데가 바위섬이 아니라니! 서연은 짜증이 나서 동해에게 톡 쏘아붙였다.

"바위섬이 아니면? 잠자고 있는 고래라도 된다는 거야?"

동해가 서연을 흘낏 보고는 주먹으로 바닥을 쳤다. 텅텅! 하고 속이 빈 쇳소리가 났다.

"바위라면 이런 소리가 나지는 않겠지."

"그럼, 쇠로 만든 괴동물인가 보네."

서연이 무시하는 듯한 말투에 동해는 입을 다물었다.

둘을 보고 있던 옐로우 큐가 동해의 어깨에 팔을 둘렀다.

"그래, 동해 학생. 넌 뭔가 알아낸 거니?"

"이건 쇠로 만든 것 같아요. 군데군데 둥근 돌기가 있잖아요. 나사못으로 조립해서 쇠를 연결한 것 같아요."

동해의 말에 옐로우 큐가 바닥을 짚어보고 불룩 튀어나온 돌기를 만져보았다. 정말로 철판과 둥근 못이었다.

"오, 그렇군. 나 이게 뭔지 알 것 같아. 이건 바로 잠수함이야."

"잠수함요?"

"그래. 이 물체의 모양을 잘 살펴봐라. 잠수함처럼 타원형으로 길쭉하잖아. 만약 잠수함이 맞으면 조종하는 사람이 있을 텐데."

"진짜 잠수함이라고요? 그럼 살았네요."

둘의 대화를 잠자코 듣고 있던 서연이 고개를 번쩍 들더니 자리에서 일어나 쿵쾅쿵쾅 발을 굴렀다.

"여기요, 살려 주세요. 위쪽에 사람이 있다고요!"

"서연 학생, 진정해. 이건 버려진 잠수함일 거야."

서연은 그 말에 아랑곳하지 않고 계속해서 쿵쿵 발을 굴렀다. 그때 갑자기 발밑에서 우웅, 하고 기계음이 울렸다.

"서, 설마 이대로 물속으로 가라앉는 건 아니겠죠?"

서연이 겁에 질려 말했다. 옐로우 큐와 동해도 긴장하며 다리에 힘을 주었다. 다행히 검은 물체는 물속으로 가라앉지 않고 수면 위로 점점 떠올랐다.

물 밖으로 드러난 철판에 출입구 해치가 보였다. 잠수함이 확실했다. 서연이 해치의 둥근 손잡이를 돌려 보았다. 하지만 아무리 힘을 써도 꿈쩍하지 않았다.

"선생님, 가만히 보고있지 말고 도와주세요. 동해, 너도."

셋이 힘을 합쳐 보았지만, 손잡이는 꿈쩍도 안 했다.

"안쪽에서 잠갔으면 당연히 문이 안 열리겠지."

"그럼, 누군가 안에서 잠갔다는 거잖아요."

서연은 다시 발을 쿵쿵 구르기 시작했다.

"누구 없어요? 위에 사람 있다고요! 어서 문 열어요!"

"서연 학생, 진정해. 나쁜 사람들이 있으면 어쩌려고."

이번에도 옐로우 큐가 말렸다.

"그럼, 이러고 가만히 있을 거예요?"

그때였다. 덜컹, 하면서 해치 안쪽에서 빗장을 여는 소리가 들렸다. 셋은 슬금슬금 뒷걸음질 쳤다. 끼익, 손잡이가 돌아가더니 해치의 동그란 문이 열리고 노란 머리가 불쑥 올라왔다. 그리고 연이어 푸른 눈의 건장한 남자들이 밀려 나왔다. 모두 여덟 명이었다.

옐로우 큐가 영어로 인사를 건넸다.

"헬로우, 나이스 투 미츄."

남자들은 알아듣지 못하는 것 같았다. 고개를 갸웃하며 자기들끼리 말을 주고받더니 옐로우 큐와 동해, 서연의 양쪽 팔을 잡고 잠수함 안으로 거칠게 끌고 들어갔다. 잠이 든 백근은 남자들에게 들려 갔다. 갑작스러운 일에 옐로우 큐와 아이들은 당황했지만, 저항할 엄두조차 내지 못했다. 곧이어 해치가 닫혔고 아무것도 보이지 않았다. 발이 철제 계단에 닿는 것이 느껴졌다.

"캔 유 스픽 잉글리시?"

소통을 시도하려는 옐로우 큐의 안타까운 외침만 어둠 속에 울렸다.

남자들은 옐로우 큐 일행을 방으로 밀어 넣었다. 묵직한 철문이 큰 소리를 내며 닫혔다. 바닷물의 짠 내와 곰팡내가 뒤섞여 방 안의 공기는 불쾌하기 짝이 없었다.

시간이 조금 지나 어둠에 익숙해졌고 어슴푸레 주변이 보였다.

서연이 정신을 가다듬고 일어나 문을 두드리기 시작했다.

"왜 우리를 가둔 거예요? 제발 살려 주세요."

울먹이며 소리질러 보았지만, 아무런 반응이 없었다.

"민서연 학생, 괜히 힘쓰지 말고 앉아서 쉬어."

옐로우 큐가 말했다.

"다들 이대로 있을 거예요? 선생님이 어떻게 좀 해 봐요."

"뭘? 어떻게 해?"

"여기가 어디예요? 우리가 왜 이런 데로 온 거예요? 이제 어떻게 될 건지 알아야 하잖아요. 사람 좀 불러 달라고요."

"여긴 잠수함 속이야. 네가 여러 번 두드렸는데 아두도 나타나지 않았잖아? 내가 부른다고 오겠니?"

"어휴, 선생님은 왜 이렇게 천하태평이세요?"

"일단은 물에 빠져 죽을 일은 없잖니."

옐로우 큐의 천연덕스러운 대답에 서연은 고개를 흔들었다.

"대신 굶어 죽겠죠."

"설마. 우리를 이대로 가둬 두기만 하겠어?"

그때까지도 방 한쪽에 쓰러져 자고 있던 백근이 뭔가 생각난 듯 벌떡 일어났다.

"내 가방, 내 양념 가방!"

서연이 백근을 보면서 허리춤에 달린 작은 가방을 가리켰다.

"네 허리에 차고 있는 건 뭐니?"

백근은 자기 가방을 열어 보더니 휴, 하고 숨을 내쉬었다.

"그대로야. 내 비법의 양념들이."

"으이구! 지금 죽느냐 사느냐 갈림길에 있는데 양념 타령이냐?"

"왜 죽어? 근데 여긴 어디야?"

그제야 백근이 주위를 두리번거렸다.

"나도 모르겠다. 옐로우 큐 선생님께 여쭤봐."

서연은 한 손으로 머리를 짚으며 구석으로 가 앉았다. 옐로우 큐는 백근이 묻기도 전에 설명하기 시작했다.

"아까 해양 박물관에서 지진이 났어. 다행히 전설의 Q 배지 힘으로 위험에서 벗어났어. 그런데 정신을 차려 보니 바다에 빠졌고, 다행히 동해가 수영을 잘했고, 다행히 물 위로 올라온 잠수함 덕분에 살았지. 그런데 파란 눈의 외국인들이 몰려나와 이렇게 우리를 잡아 가둔 거야. 이것이 과연 다행한 일일까?"

"잠수함? 멋진데요. 그럼, 모험이 시작된 건가요?"

누가 들어도 심각한 상황이었지만, 천성이 밝고 긍정적인 백근의 눈에서는 웃음이 사라지지 않았다.

"기대하기는 일러. 우리를 이런 곳에 가뒀잖아."

옐로우 큐가 어깨를 축 늘어뜨리고 말했다.

꼬르르륵. 생뚱맞게 백근의 배에서 배꼽시계가 울렸다. 백근은 자신의 볼록 나온 배를 문질렀다.

"히히, 먹을 것은 주겠죠?"

"그, 그래. 조금만 참아 보자."

바다에서 허우적거린 데다 기절까지 했으니 배가 고픈 건 당연했다. 백근뿐만 아니라 나머지 세 사람도 마찬가지였다.

"여기요, 배고파요. 밥 주세요!"

백근이 일어나서 벽을 쳤다. 텅텅 울리는 쇳소리가 났다.

"선생님, 잠수함은 철로 만들었잖아요. 철은 물에 가라앉잖아요? 그런데 잠수함은 어떻게 물에 떴다 가라앉았다 하는 거죠?"

힘이 없어서 모로 누워 있던 옐로우 큐가 벌떡 일어나더니 양반다리를 하고 앉았다. 백근의 질문이 반가운 눈치였다.

"부력 때문이다. 좋아. 내가 알려 주지. 이리 가까이 으너라."

앞으로 죽을지 살지 모르는 판국에 과학 강의라니! 서연은 두 손으로 귀를 막았다. 동해는 말없이 앉아 듣고 있을 뿐이었다.

옐로우 큐가 들뜬 목소리로 백근에게 물었다.

"백근이 너 중력은 아니?"

"중력은 지구가 잡아당기는 힘이잖아요."

"좋아. 지구가 중력으로 배를 잡아당기는데 배는 물에 뜨지. 왜 그럴까? 그건 물이 배를 밀어 올리는 힘이 중력보다 세서 그런 거야. 물이 밀어 올리는 힘, 이게 '부력'이란다."

백근은 앵무새처럼 반복했다.

"물이 밀어 올리는 힘이 부력."

옐로우 큐가 손가락을 튕겨 딱 소리를 냈다.

"그렇지. 그럼, 부력의 크기는 어떻게 될까? 물에 넣은 물체가 밀어낸 부피만큼의 물의 무게와 같단다."

"선생님, 그건 어려워요."

백근이 복잡하다는 듯 고래를 흔들었다.

"쉽게 설명해 주지. 부피 $1m^3$의 물은 부력이 1,000kg이야. 같은 부피인 $1m^3$의 나무 블록은 부력이 800kg이야. 나무 블록은 물보다 가벼우니까 물에 뜨는 거란다."

"아, $1m^3$의 무게가 물보다 가벼우면 뜨는 거군요?"

"그렇지. 그럼, 철로 만든 배는 어떻게 뜰 수 있을까?"

"음, 모르겠어요. 아무리 작아도 철은 엄청 무거울 텐데……."

서연은 답답한 나머지 고개를 번쩍 들었다. 고개를 무릎에 파묻고 있었지만 아까부터 다 듣고 있었다.

"으이구, 밥그릇처럼 속을 비워 버리면 되잖아."

옐로우 큐와 백근이 돌아봤다. 서연이 가까이 다가와 앉았다.

"100m³의 배는 100t의 부력을 받아요. 그러니 철을 90t만 써서 만들면 배의 10분의 1은 수면 위로 나올 수 있죠."

옐로우 큐의 눈이 왕방울만 해졌다.

"너, 똑똑하구나?"

"히히, 얘가 우리 반 회장이에요. 최고로 똑똑하죠. 성격은 까칠하지만."

백근의 말에 서연은 주먹을 쥐어 백근이 눈앞에 들이댔다.

"쓸데없는 소리는 됐고. 여기가 어딜까요, 선생님?"

"글쎄. 아까 본 남자들은 외국인이고, 입고 있는 옷은 마치 옛날 영화에서 보던 것 같았어."

백근이 끼어들었다.

"혹시 해적이 아닐까요?"

"해적이면 배를 타고 다니겠지. 잠수함을 타고 다니겠냐?"

서연이 핀잔을 주었다. 그러자 동해가 입을 열었다.

"전설의 잠수함 노틸러스호야."

서연이 동해를 보며 되물었다.

"뭐라고? 노틸러스호?"

"그래. 소설 『해저 2만 리』에 나오는 잠수함 노틸러스호야."

"무슨 말도 안 되는 소리야?"

"그럼, 해양 박물관에 있던 우리가 바다 위로 순간 이동한 것은 말이 되고?"

"그, 그건……."

서연의 말문이 막히자, 백근이 소리쳤다.

"캬아, 소설 속으로 들어왔다니 흥미진진한데. 동해야, 소설대로라면 우린 앞으로 어떻게 되는 거야?"

"곧 이 잠수함의 주인인 네모 선장이 나타날 거야. 소설대로라면 나쁜 사람은 아니야. 그의 말을 따르면 우리를 죽이지 않을 거야."

그때 밖에서 무거운 발걸음 소리가 들려왔다. 그러더니 곧 끼리릭 하며 문의 잠금장치가 풀렸다. 문이 열리고 강한 빛이 쏟아져 들어왔다. 눈이 부셔 얼굴이 보이지 않았지만, 문 앞에 선 사람이 건장한 남자라는 건 알 수 있었다. 방의 조명이 켜졌다. 남자의 뒤쪽으로 날씬하고 다부진 몸매의 남자 둘이 더 있었다. 다들 거창한 콧수염에 날카로운 눈빛을 하고 옐로우 큐 일행을 노려보았다. 아이들은 겁에 질린 채 옐로우 큐 뒤로 숨었다.

남자는 키가 컸고 두 어깨가 위엄 있게 솟아 있었다. 진한 눈썹 아래 깊고 검은 눈이 유난히 빛났는데, 뭔가 자부심이나 자신감으로 가득 차 보였다. 콧수염 아래 굳게 다문 두툼한 입술은 절대

열릴 것 같지 않았다. 고급스러운 모자와 장화, 칼같이 반듯한 제복은 남자를 더욱 돋보이게 했다. 이 자가 잠수함의 선장인 게 확실했다. 남자는 상대의 영혼까지 꿰뚫어 볼 것 같은 강렬한 눈빛으로 일행을 유심히 살폈다.

서연은 옐로우 큐에게 무슨 말이든 해 보라고 재촉하는 눈빛을 보냈다. 옐로우 큐는 마지못해 쭈뼛거리며 앞으로 나섰지만, 선장의 기세에 눌려 목소리가 기어들어 갔다.

"Thank you for saving us(구해 주셔서 감사합니다)."

한참 동안 묵묵히 서 있던 선장이 드디어 두꺼운 입술을 움직였다. 미간의 주름이 더욱 깊어졌다.

"나는 조선말을 할 줄 아오."

선장의 입에서 튀어나온 뜻밖의 한국말에 다들 소스라치게 놀랐다. 더군다나 한국말이 아니라 조선말이라니.

선장이 말을 이었다. 느렸지만 정확한 발음이었다.

"나는 조선어 외에도 영어, 프랑스어, 독일어, 일본어, 중국어가 가능하오."

"아, 그렇습니까? 다행이네요. 구해 주셔서 감사합니다."

옐로우 큐가 놀란 마음에도 예의를 갖추어 인사했다.

"노틸러스호에 외부인이 들어온 건 10년 만이오. 파리 자연사 박

물관 교수인 아로낙스 박사와 그의 하인 콩세유, 작살잡이 네드 랜드가 탔었지요."

과거를 회상하듯 선장의 시선이 먼 곳을 향했다.

"우리를 대한민극으로 보내 주세요."

서연이 불쑥 끼어들자, 선장의 눈에 초점이 돌아왔다.

"대한민국은 조선을 말하는 건가? 뭐든 상관없지단 현재로서는 이곳을 나가는 건 불가능하다. 여기는 북마리아나 제도 근처거든."

북마리아나 제도라면 괌과 사이판섬이 있는 곳이다. 한국에서 비행기를 타고도 다섯 시간은 넘게 가야 한다.

"그럼, 대한민국으로 잠수함의 방향을 돌리세요. 우리는 미성년자예요. 어른의 의무를 다하셔야죠!"

잔뜩 긴장한 서연의 목소리가 날카로웠다.

서연의 당돌함에 기분이 나빠진 선장의 눈에 불꽃이 일었다.

"나는 너희 세상의 규범을 따르지 않는다. 여기서는 내 말만이 규칙이야. 내 앞에서 너희 사회의 규범을 들먹이지 마라!"

서연이 더 따지려 들자, 동해가 재빠르게 서연의 입을 막았다.

선장은 옐로우 큐에게 단호한 목소리로 명령했다.

"여기에선 내가 법이고 정의요! 바다에 버려져서 상어밥이 되지 않으려면 노틸러스호의 규칙을 따르시오. 저 아이들이 분별력 있게 행동하도록 그쪽이 지도하시오."

말을 마친 선장은 싸늘한 표정을 한 채 남자들과 함께 방을 나갔다. 무거운 철문은 다시 열릴 것 같지 않았다. 방은 또다시 칠흑같이 어두워졌다. 서연은 자신의 입을 막고 있는 동해의 손을 홱 뿌리쳤다.

"이 손 치워!"

"왜 이래? 모두를 위험에 빠뜨릴 작정이야?"

동해가 화를 내며 서연을 나무랐다.

"난 당연한 권리를 말했을 뿐이라고!"

"누가 그걸 몰라? 항상 너만 잘났지? 다른 사람은 생각하지도 않고 네 생각과 기준대로만 행동하고 있잖아."

서연이 동해를 노려봤다. 눈에서 쨍하고 불꽃이 일었다.

"그러는 너는 얼마나 잘나서? 외톨이 주제에. 맨날 낙서만 끄적거리는데 친구가 생기겠니?"

이번에는 동해의 목소리가 커졌다.

"비린내라고 놀리는 그깟 놈들이 무슨 친구라고! 차라리 혼자가 나아."

분위기가 심각해지자 백근이 둘 사이를 비집고 들어왔다.

"얘들아, 그만해. 친구끼리 왜 싸우는 거야?"

백근의 말에 서연과 동해가 동시에 외쳤다.

"친구긴 누가 친구야!"

"오케이, 알았어. 일단 진정하자."

백근이 당황한 목소리로 둘을 진정시켰다. 서연은 횡하니 고개를 돌리고는 구석으로 가서 벽을 보고 앉았다. 백근은 서연과 동해 사이를 어정쩡하게 오갔다.

"동해야, 정리해 보자. 네가 아까 말한 소설이 뭐였지?"

옐로우 큐가 다가와 동해의 어깨에 손을 올리며 말을 이었다.

"학생들. 우리 앉아서 본격적으로 이야기해 보자. 서연 학생도 어서 이리로 와."

서연은 대답하지 않고 고개를 숙여 무릎에 파묻었다.

"좋아, 정 싫다면 거기서 들어. 동해야, 네가 말한 소설 『해저 2만 리』와 지금의 상황이 같니?"

"아까 그 남자의 옷차림이나 성격을 보면 맞는 것 같아요. 『해저 2만 리』 노틸러스호의 네모 선장이에요."

동해가 차분하게 말했다.

"좋아. 난 그 책을 읽지 않았지만, 잠수함을 타고 전 세계 바다를 떠도는 모험 이야기라는 것 정도는 알고 있어."

"맞아요. 그런데 이유 없이 떠돈 건 아니예요. 정확하진 않지만,

네모 선장은 제국주의 시대 식민지의 왕자였는데, 항쟁에 가담했다가 가족 모두를 잃게 되었대요. 그 후 유럽의 제국주의 국가들을 증오하면서 노틸러스호를 만들어 바다로 숨어든 거죠. 노틸러스호는 그들을 향한 복수의 무기라고 들었어요."

"우리나라도 일본의 식민지였지. 사정을 듣고 나니 네모 선장이 조금은 이해가 되는구나."

"말만 잘 들으면 크게 문제 될 건 없을 것 같아요. 오히려 전 좋은 기회라고 생각해요. 잠수함을 타고 전 세계 바닷속을 탐험할 수 있는 기회가 아무에게나 오지 않잖아요?"

"허허. 이름이 동해라더니 바다를 무척 좋아하는가 보구나?"

옐로우 큐가 손뼉을 크게 한 번 치고는 상황을 정리했다.

"무슨 이유에서인지 모르지만, 우린 지금 『해저 2만 리』 소설 속에 들어왔어. 동해가 소설을 읽어서 내용을 알고 있긴 해도 앞으로 또 어떤 일이 일어날지 몰라. 우선 네모 선장의 말을 잘 따르자. 그러다 보면 탈출할 기회가 생길 거야."

동해와 백근이 조용히 고개를 끄덕였다.

옐로우 큐가 서연을 돌아봤다.

"서연 학생도 들었지? 선장을 화나게 하지 말도록 해. 여기는 1860년대야. 우리 시대와는 법이 다르고, 인권에 관한 생각과 태도 또한 다르다는 사실을 명심하렴."

옐로우의 수업노트 01 : 철로 된 잠수함, 어떻게 물에 뜰까?

초4-1 물체의 무게 / 중1 여러 가지 힘

잠수함에 작용하는 여러 가지 힘을 알아보자.

철로 된 잠수함은 어떻게 물에 뜰까?

1. 중력

우주에 존재하는 모든 물체에는 서로 잡아당기는 힘인 '만유인력'이 작용하고 있어. 지구에는 만유인력과 지구의 자전에 따른 구심력이 합해진 힘이 작용하는데, 이를 '중력'이라고 해. 물체에 작용하는 중력의 크기를 '무게'라고 하고 단위는 'Kg 중', 'N(뉴턴)'으로 표기해. 지구가 중력의 힘으로 배를 잡아당길 텐데 배는 가라앉지 않고 물에 떠. 왜 그럴까? 그건 물이 배를 밀어 올리는 힘이 중력보다 세서 그런 거야. 물이 밀어 올리는 힘, 이게 바로 '부력'이야.

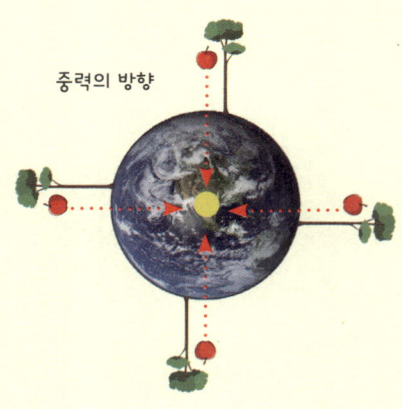

중력의 방향

2. 부력

'부력'은 액체나 기체 속에 있는 물체가 중력에 반대하여 위쪽으로 뜨려는 힘이야. 이 힘이 크면 물체가 물이나 공기 위로 떠오를 수 있는 거란다. 부력을 이해하기 위해서는 밀도를 알아야 해. 모든 물질은 일정 질량에 대해 일정한 부피를 가지는데, 이를 '밀도'라고 해. 물질마다 질량이 다르기 때문에 밀도가 다르고, 따라서 중력에 반대한 부력 또한 달리 작용하게 돼. 물의 밀도는 1g/cm³야. 물보다 밀도가 작은 물체는 물 위에 뜨고, 물보다 밀도가 큰 물체는 물속에 가라앉아.

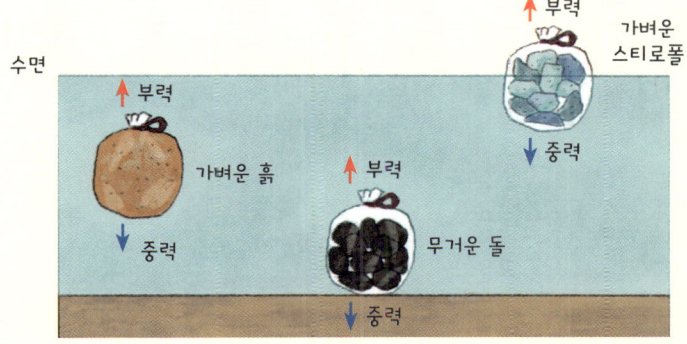

3. 배가 뜨는 원리

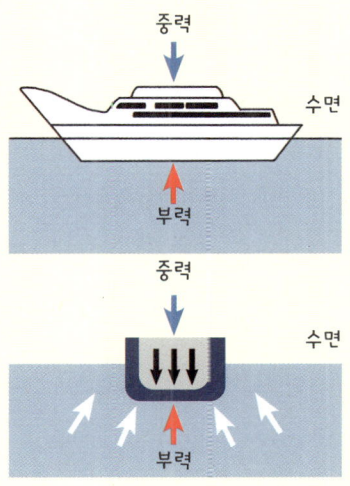

정육면체를 생각해 봐. 이 정육면체 안에 물을 가득 넣고 무게를 쟀을 때, 100kg이라고 가정해 보자. 그럼 부력이 100kg 생기는 거야. 이번에는 철을 이용하여 정육면체를 만들 거야. 이때 100kg 미만으로 정육면체를 만들면 물에 뜨게 되는 거란다. 철은 무거우니, 배를 만들 때는 가운데를 비워야겠지?

4. 잠수함이 뜨고 가라앉는 원리

잠수함에는 물을 담아 놓는 '부력 탱크'가 있어. 물속에 가라앉기 위해서는 이 부력 탱크에 물을 채워서 잠수함의 밀도를 높여 줘야 해. 다시 물 위로 떠 오르기 위해서는 부력 탱크의 물을 펌프로 빼내서 잠수함의 밀도를 낮춰 주는 거야.

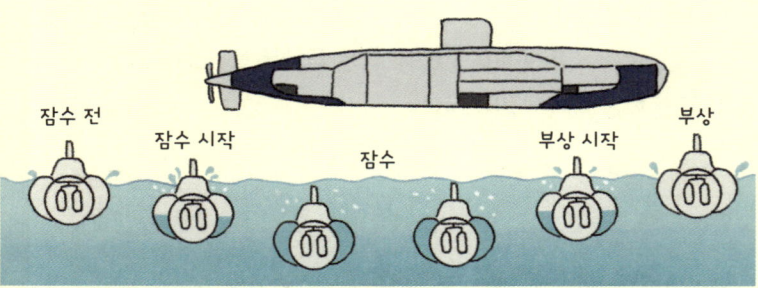

무게와 질량은 다르다?

"몸무게가 몇 kg이야?" 하고 묻는 말은 정확한 말이 아니야. 'kg'은 무게가 아닌 질량을 나타내는 단위거든. 질량은 물체가 가지고 있는 고유한 양이고, 무게는 물체에 작용하는 중력의 크기를 말해. 질량은 언제 어디서든 변하지 않지만, 무게는 물체에 작용하는 힘의 크기에 따라 변하지. 무게의 정확한 단위는 'Kg중' 또는 중력가속도 $9.8m/s^2$을 곱한 'N(뉴턴)'이야. 둘이 이렇게 다른데도 우리가 무게와 질량을 헷갈려 말하는 이유는 뭘까? 지구에서는 무게와 질량이 같기 때문이야. 몸무게가 60Kg중인 사람의 질량도 60kg이지. 하지만 달에 서는 이야기가 달라져. 달은 지구보다 크기가 작으므로 만유인력이 작용하는 힘의 크기가 지구 중력의 1/6이야. 지구에서 60kg인 사람이 달에 가면 무게가 10Kg중으로 줄어들지. 하지만 질량은 변하지 않으니까 60kg 그대로야.

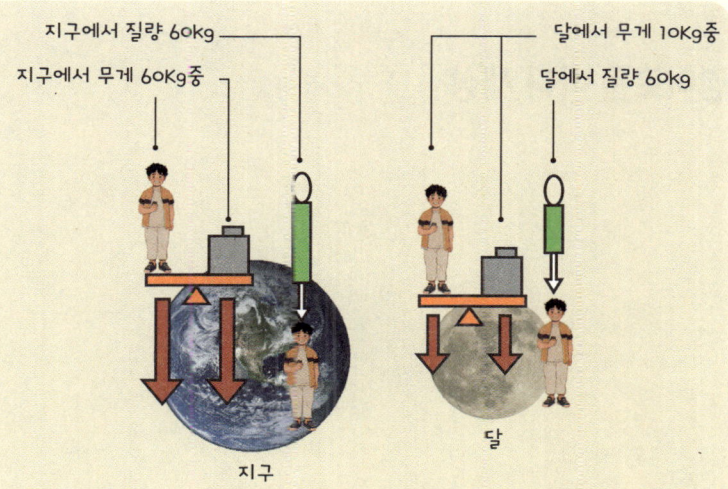

지구와 달에서 측정한 무게와 질량

질량의 단위

질량은 물질 고유의 양을 나타내므로 정확한 값을 측정해야 해. 그동안은 1878년에 국제도량형총회에서 만든 국제 원기로 질량을 측정해 왔어. 질량 1kg 원기는 지름과 높이가 각각 39㎜인 원기둥으로, 백금(90%)과 이리듐(10%) 합금으로 만들어졌어. 원기가 산화되어 질량이 변하지 않도록 유리 덮개로 씌워 두었지. 하지만 오랜 시간이 지나면서 질량이 미세하게 변했어. 과학자들은 변하지 않는 질량을 측정할 기준을 고민한 끝에 불변의 자연 상수인 '플랑크 상수(h)'를 질량 측정법으로 채택했어. 2019년 5월 20일 세계 측정의 날부터 이 방법으로 질량을 측정하고 있지.

질량의 기준이 되는 국제 원기

2
경이로운 바다 세상

격리된 방에서 얼마나 시간을 보냈는지 알 길이 없었다. 옐로우 큐와 아이들은 말없이 앉아 있었다. 화가 난 선장은 다시 나타나지 않을 것만 같았다. 언제고 그의 부하들이 일행을 바다에 던질지도 모르는 일이었다. 아니면 이대로 잊혀진 걸까? 다들 말하지 않았지만 앞으로의 상황을 불안해하고 있었다.

꼬르르륵. 옐로우 큐의 배 속에서 배꼽시계가 울렸다. 신호탄을 쏜 것처럼 세 아이에게서도 같은 소리가 났다. 이런 상황에서도 배꼽시계가 울리다니 서연은 스스로가 한심했다. 참다못한 백근이 서연의 눈치를 보다가 가방에서 양념통을 꺼냈다.

"에잇, 이거라도 먹어야겠어."

뚜껑을 열고 안에 든 걸 입에 털어 넣으려는 순간, 문밖에서 발소리가 났다. 옐로우 큐와 아이들이 벌떡 일어나 문 앞에 모였다.

빗장을 벗기는 소리에 이어 문이 열렸다. 선장이었다.

"어떻소? 노틸러스호의 규칙을 따르기로 했소?"

"그렇습니다, 선장님. 따르고말고요."

대답은 옐로우 큐가 했는데, 선장의 시선은 서연에게 가 있었다. 서연은 애써 시선을 피했다.

"좋소. 나는 네모요. 앞으로 네모 선장이라고 부르시오. 노틸러스호에 타게 된 이상 당신들은 육지로 돌아갈 수 없다는 것을 명심하시오. 명예를 걸고 맹세하시오."

서연은 상상하고 싶지 않은 말을 듣고 거의 울상이 되었다. 그러다가 다시 화가 치밀어서 선장 앞으로 한 걸음 나섰다. 하지만 말리는 옐로우 큐의 간절한 눈빛에 마지못해 고개를 떨구었다.

"명예를 걸겠습니다."

"좋소. 노틸러스호의 일원이 된 걸 환영하오. 간단히 본인들의 소개를 해 주시오."

선장이 다소 누그러진 목소리로 말했다.

"전 옐로우 큐입니다. 아이들에게 과학을 가르치고 있습니다."

"음, 선생은 해양 생물학이나 해양 지질학에도 관심이 있소?"

"그럼요, 아주 지대한 관심이 있죠."

"그 옛날 아로낙스 박사와 비슷하군요."

옐로우 큐가 선장의 눈치를 살피면서 아이들을 소개했다.

"이들은 제 학생입니다. 여학생이 민서연, 여기 통통한 친구가 오백근 그리고 이 아이는 천동해죠."

아이들은 자기 이름이 불릴 때마다 고개 숙여 인사했다.

"이제 여러분은 잠수함 안에서만큼은 자유인이오. 잠수함 내에서는 무엇을 해도 좋다는 말이오."

"큰 은혜 감사드립니다."

네모 선장은 아이들을 위아래로 훑고 나서 시선을 거두었다.

"감기에 걸리지 않게 방으로 가서 옷을 갈아입는 게 좋겠소."

"그보다 먼저 식사하게 해 주세요. 아이들이 많이 지친 데다 오래 굶었습니다."

"식사는 이미 준비해 두었소. 내 부관들의 안내를 받아 식당으로 가서 마음껏 드시오."

문밖으로 나가자, 복도가 길게 이어져 있었다. 복도의 길이만 보아도 잠수함이 상당히 크다는 걸 짐작할 수 있었다. 선원을 따라 들어선 식당 한가운데는 풍성한 음식들이 차려져 있었다. 코를 자극하는 달콤한 향과 맛깔스러워 보이는 갖가지 요리에 저절로 군

침이 돌았다. 안내를 맡은 선원이 손짓으로 먹으라는 시늉을 했다. 옐로우 큐는 아이들을 식탁에 앉게 했다. 아이들이 허겁지겁 음식을 먹기 시작했다. 옐로우 큐도 자리에 앉아 식사했다.

서연은 고기가 들어 있는 수프를 떠먹었고, 동해는 생선 스테이크를 포크로 찍어 통째로 씹었다. 백근은 빨갛게 익은 손바닥만 한 새우의 껍질을 벗겨 한입에 넣었다. 옐로우 큐도 뭔지 알 수 없는 고기들을 연신 입으로 가져갔다.

음식 맛은 그야말로 환상적이었다. 어느 것 하나 맛없는 음식이 없었다. 식탁 위에 차려진 음식이 어찌나 푸짐한지 한참을 먹고 나서도 반 이상이 남아 있었다. 일행은 편안한 얼굴이 되어 향긋한 차와 달콤한 푸딩으로 식사를 마무리했다.

물론 백근은 예외였다. 생선이 담긴 새 접시를 자기 앞으로 가져가더니, 가방 속에 있던 양념통 하나를 꺼내 생선 위에 살살 뿌렸다. 그런 백근을 보고 옐로우 큐가 뭐냐고 물었다.

"죽염이에요. 생선구이에 죽염을 뿌려 먹어 보려고요."

백근이 스테이크 칼로 구이를 크게 잘라 입에 넣으며 말했다.

"통이 여러 개인 걸 보니 각각 다른 양념인가 보구나?"

생선을 우적우적 씹으며 백근이 대답했다.

"빙고입니다, 선생님. 히말라야 소금, 트뤼프 오일, 아카시아꿀,

올리브 오일, 태양초 고추장과 고춧가루, 아라비아 후추, 고추냉이, 설탕, 흑당 등이 항상 준비되어 있죠."

"그걸 매일 가지고 다니겠지? 학교에도 말이야."

"그럼요. 명색이 요리사가 꿈인데 음식을 먹을 때 이것저것 넣어서 먹어 봐야죠. 일종의 요리 실습입니다."

"그래, 백근 학생은 음식에 남다른 열정을 가지고 있구나."

옐로우 큐가 칭찬에 백근의 눈이 반달이 되었다.

식사를 마쳤을 때쯤 네모 선장이 식당으로 들어왔다.

"어떻소. 식사는 입에 맞았소?"

옐로우 큐는 자리에서 일어나 진심으로 인사를 했다.

"환상적이었습니다. 맛있는 음식 감사합니다."

그러고는 뒤돌아 아이들에게 말했다.

"너희도 네모 선장님께 인사를 해야지? 우리 목숨을 구해 주시고, 음식도 주셨잖니."

셋은 쭈뼛거리며 일어서서 인사했다. 네모 선장을 대하는 서연의 얼굴은 여전히 뾰로통했다.

네모 선장은 서연을 향한 마뜩잖은 눈길을 거두면서 말했다.

"선생, 이 음식의 모든 재료를 바다에서 구했다면 믿겠소?"

옐로우 큐뿐만 아니라 아이들도 놀랐다. 분명 육즙이 배어 나오는 고기를 맛보았기 때문이다.

"농담하시는 거죠? 우리는 분명히 고기를 먹었는데요."

"선생, 난 농담을 싫어하오. 선생이 먹은 고기는 돌고래요."

옐로우 큐가 놀라워하며 손가락을 하나 들었다.

"오! 돌고래요? 척추동물문 포유강 고래목이죠. 돌고래는 소나 돼지처럼 포유류이니 고기가 맞네요. 하하하!"

네모 선장은 옐로우 큐의 반응에 기분이 좋은지, 요리 하나하나 손가락으로 가리키며 자랑삼아 설명했다.

"이건 고래 젖으로 만든 크림, 이건 과일 향이 나는 말미잘 잼, 설탕은 해초에서 뽑아낸다오. 음식 외에도 바다로부터 많은 재료를 얻을 수 있소. 조개에서 실을 뽑아내 옷도 만들고 말이오."

"그렇군요. 제가 살고 있는 시대에는 바다를 더 많이 이용합니다. 해저에서 니켈, 코발트, 구리, 망간 등의 광물과 메탄 하이드레이트라는 에너지원을 얻기도 해요. 그리고 조류나 파도를 이용해 전기도 만들지요."

"오호, 그래요? 맞소! 바다는 생명과 에너지 그 자체요. 이제부터 진짜 바다를 경험하며 그 모든 걸 직접 눈으로 확인하시오. 여러분은 분명 바다에 경외하는 마음을 가지게 될 것이오."

네모 선장이 다부진 목소리로 말했다.

"정말 기대됩니다. 네모 선장께서 바다를 얼마나 사랑하시는지 느껴지는군요."

"바다는 지구 표면의 70%를 덮고 있소. 어느 바다나 생명과 에너지가 넘쳐나지요. 지구는 바다에서 시작되었고, 바다는 모두를 포용하오. 하지만 인간은 땅 위에서 온갖 악행을 저지르고 있소. 남의 것을 빼앗고, 자연을 파괴하고, 생물들을 아무렇게나 죽이지요. 난 그런 인간들을 혐오하오."

네모 선장은 자신이 흥분했다는 걸 깨달았는지, 잠시 심호흡을 하고는 다시 무겁고 냉정한 모습으로 돌아왔다.

"방금은 실례했소. 여러분이 머물 숙소로 안내하겠소. 젖은 옷을 갈아입고 쉬시오. 그런 후에 노틸러스호를 안내하리다."

숙소는 여느 호텔 못지않게 안락했다. 잘 관리되어 빛이 나는 원목 바닥에 부드럽고 푹신한 카펫이 깔려 있었고, 문 맞은편에는 화려한 황금색 틀을 두른 키 큰 거울이 세워져 있었다. 양쪽 벽으로 흑단 원목으로 만든 2층 침대가 한 개씩 놓여 있었는데, 크림색의 시트가 깔린 데다 그 옆으로 하얀 커튼이 드리워져 있었다. 옐로우 큐 일행이 지내기에 더할 나위 없이 훌륭한 방이었다.

백근이 서둘러 한쪽의 2층 침대 위로 올라갔다.

"여긴 찜! 난 2층에서 자는 게 소원이니 이해해 주세요."

옐로우 큐가 서연과 동해를 보고 말했다.

"난 아무 데나 괜찮아. 너희가 먼저 자리를 정하렴."

서연과 동해의 눈이 마주치고 서먹함이 이어졌다. 동해도 2층을 원하는 눈치였지만, 이내 포기하고 백근이 누운 침대로 갔다.

"겉모습은 무뚝뚝해도 속마음은 다른 것 같지 않니? 네모 선장 말이야. 어서 옷을 갈아입자. 잠수함의 다른 곳도 궁금하구나."

아이들도 은근히 기대하고 있던 터라 재빠르게 옷을 갈아입었다. 모두 준비를 마치자 옐로우 큐가 외쳤다.

"자! 이제 노틸러스호를 구경해 보자."

"우리끼리 다니다가 네몬지, 세몬지 선장에게 불호령 맞는 거 아니에요?"

서연이 침대 2층에서 내려오면서 말했다.

"괜찮을 거다. 아까 네! 모! 선장이 잠수함 안에서는 '자유인'이라고 했잖아."

일행은 어두침침한 복도를 따라 걸었다. 앞장선 옐로우 큐 뒤로 아이들이 따라갔다. 한참을 걸으니 '시어터(theatre 극장)'라고 쓰인 문이 보였다. 슬그머니 문을 밀고 안으로 들어갔다.

"우아, 여기 장난 아니다!"

생각보다 큰 방은 멋진 가구와 그림들로 꾸며져 있었다. 가장 눈에

띈 것은 한쪽 벽을 가득 채운 커다란 원형 모양의 창문이었다. 세 개의 커다란 창문이 연달아 있었는데, 창문 밖으로 바닷속 풍경이 그대로 보였다. 방 이름처럼 극장이 맞았다. 다만 영화가 아닌 실제 바다 풍경이 펼쳐진다는 점이 다를 뿐이었다.

옐로우 큐와 아이들은 넋을 놓고 창밖 바다를 바라보았다.

바닷속은 환하게 빛났다. 햇빛이 맑은 바닷물을 뚫고 그대로 투과된 것 같았다. 화려한 색상의 산호와 해초들이 숲을 이루었고, 거대한 해파리가 떠다녔다. 색색의 물고기들이 무리 지어 다니는 모습은 마치 무지개가 떴다가 사라지는 것 같았다. 갑자기 물고기들이 빠르게 흩어졌다가 모이기를 반복했다. 상어가 다가오고 있었다. 백근이 손가락으로 상어를 가리키며 물었다.

"선생님, 상어가 특이하게 생겼어요."

"귀상어야. 연골어류 흉상어목 귀상어과 동물로 열대 해양에서 살아. 몸이 최대 3.5m까지 자라지."

서연은 여러 곳의 아쿠아리움에 가 보았지만, 이런 광경은 처음이었다. 세상 그 어떤 근사한 수족관도 이보다 멋질 것 같지 않았다. 눈앞에서 펼쳐진 바다의 생생한 장면들은 그야말로 황홀경 자체였다. 모든 걱정이 날아간 듯 마음이 가벼워졌다.

"옐로우 큐 선생님, 저렇게 큰 해파리도 있어요?"

서연이 커다란 주황색 해파리를 가리키며 물었다.

"강장동물문 해파리강 근구해파리목. 가장 큰 것이 1m까지도 자라고, 무게는 200kg까지 나간단다. 어업에는 치명적이야."

"이렇게 멋진 데도요?"

"멋지다고 해롭지 않은 건 아니지. 해파리는 독침을 가지고 있어서 조심해야 해."

그때 다시 작은 물고기들의 움직임이 빨라졌다. 저 멀리 바위 뒤에서 비행선 같은 물고기가 천천히 다가오고 있었다. 무지막지한 크기였다. 동해가 물고기를 가리키며 소리쳤다.

"선생님, 개복치예요!"

보통 물고기는 유선형으로 길쭉하기 마련인데, 개복치는 옆으로 납작한 데다 꼬리 쪽이 잘린 것처럼 뭉툭했다. 눈과 입이 작아서 귀엽게 보였지만, 압도당할 정도로 몸집이 컸다.

"개복치. 경골어류 복어목 개복치과. 무게가 2t까지도 자란단다. 이렇게 눈앞에서 보다니 놀랍군, 정말 놀라워!"

다양한 해양 동물이 노틸러스호 주위를 유영했다. 위험하지 않다는 걸 알고 있는지 장난을 치며 자유롭게 놀았다.

옐로우 큐와 아이들은 홀린 듯 그 모습을 보았다. 그 어떤 영화보다 재미있고 흥미로웠다.

동해가 이것저것 물고기 이름을 알려 주기 시작했다.

"저건 「니모를 찾아서」의 흰동가리!"

"척삭동물문 조기아강 농어목 자리돔과."

동해가 이름을 외치면 옐로우 큐가 생물 분류 체계를 말했다. 백근은 가끔 먹을 수 있는 물고기냐고 물으면서 입맛을 다셨다.

언제부터였는지 뒤에서 네모 선장이 팔짱을 낀 채 이들을 지켜보고 있었다. 표정은 굳어 있었지만, 노틸러스호의 새로운 승객들이 즐거워하는 모습을 보며 뿌듯해하고 있는 게 분명했다.

네모 선장이 팔짱을 풀고 다가와 바다 극장 관람에 동참했다.

"옐로우 큐 선생, 역시 바다를 사랑할 수밖에 없지요?"

옐로우 큐가 놀라움이 가시지 않은 얼굴로 손뼉을 쳤다.

"대단합니다. 노틸러스호에 온 것은 제게 정말 행운입니다."

"앞으로 더 굉장한 장면들을 보게 될 거요."

"오호, 그것참. 무척 기대됩니다."

바로 그때, 창밖으로 오징어 떼가 지나갔다. 옐로우 큐가 습관처럼 분류 체계를 읊었다.

"연체동물문 두족류 십완목 오징어. 다리가 열 개야. 크기 또한 다양하지."

"오징어를 썰어 기름에 볶은 후 빨간 고춧가루에 버무리면 최고의 오징어볶음이 되지요."

백근이 입맛을 다시며 말했다.

"네 말을 들으니, 오징어볶음이 먹고 싶구나."

옐로우 큐와 백근의 대화를 듣고 있던 네모 선장이 물었다.

"옐로우 큐 선생, 조선에서는 오징어를 먹나 보오?"

"그럼요. 아마 조선 시대부터 먹었을 겁니다. 현재 우리가 살고 있는 대한민국은 오징어를 말려 먹고, 볶아 먹고, 채 썰어 먹고, 술 안주로 먹습니다. 오징어를 사랑하는 나라죠."

옐로우 큐의 우스갯소리에도 선장의 표정이 변하지 않았다.

"내가 알고 있는 생물 분류와 조금 다른 것 같은데, 선생이 알고 있는 분류 체계에 대해 좀 더 자세히 설명해 주시오."

『해저 2만 리』 시대는 1860년대이다. 분류 체계도 지금과 많이 달랐을 것이다.

"좋습니다. 너희도 잘 들어라."

옐로우 큐는 자신의 관심 분야인 생물 분류를 설명한다는 생각에 잔뜩 신이 나서 목소리를 높이며 질문부터 시작했다.

"네모 선장님, 생물을 크게 어떻게 나누죠?"

"나도 과학이라면 꾸준히 공부해 왔소. 동물과 식물 그리고 현미경으로 보이는 원생동물로 나누지요. 운동성이 있으면서 다른 생물에게서 영양을 얻는 것을 동물, 움직이지 않고 광합성을 통해 스스로 양분을 만드는 것을 식물이라고 하오. 원생동물은 눈에 보이지 않는 작은 미생물 전체를 말하오."

"역시 대단하시네요. 그러나 네모 선장님, 버섯을 생각해 보시죠. 육지를 떠난 지 오래되었더라도 버섯을 알고 계시죠? 버섯은 동물일까요? 식물일까요?"

네모 선장은 어려운 질문이 아니라는 듯 간단히 대답했다.

"그야 당연히 식물 아니오."

"네모 선장님, 버섯은 광합성을 하지 못해요. 썩은 나무에서 영양분을 빨아 먹죠. 이건 동물의 특성 아닙니까?"

네모 선장이 고개를 끄덕였다.

"음, 그렇소. 나도 분류할 때면 버섯과 곰팡이의 영양 방식이 마음에 걸리긴 했소."

"맞습니다. 더군다나 버섯과 곰팡이의 종류는 무궁무진합니다. 동식물과는 다른 분류로 독립시키는 것이 좋지 않을까요?"

네모 선장은 별다른 반박을 하지 못한 채 굳게 입을 다물고 있었다. 옐로우 큐가 다시 말을 이었다.

"현미경의 기능이 점점 좋아지면서 눈에 보이지 않는 세균들이 많이 발견되었어요. 그래서 이 또한 독립된 영역을 만들었습니다."

옐로우 큐는 현대의 생물 분류 체계를 '동물계', '식물계', '원생동물계', '균계', '원핵생물계' 총 5계로 나누고 있음을 되짚어 설명했다. 네모 선장이 옐로우 큐를 따라 5계를 읊조렸다.

"자, 이제 생물을 크게 나누는 법을 알았죠? 이제 우리는 오징어에 대해 배워야겠죠? 얘들아, 오징어의 몸통 위 삼각형 부분을 뭐라고 부르지?"

백근이 손을 번쩍 들고 말했다.

"머리죠. 맛은 몸통보다 못하지만 머리도 맛있어요."

옆에서 서연이 고개를 절레절레 흔들었다.

"으이구, 오백근 너는 늘 먹는 이야기지. 우리 집에서는 귀라고 해요. 오징어 귀!"

네모 선장도 이야기에 끼고 싶은지 두꺼운 입술을 움직거렸다.

"머리? 귀? 조선은 참 특이하군요. 저건 꼬리지느러미요."

'꼬리지느러미'라는 말에 아이들이 동시에 "에이~!" 하며 야유를 보냈다. 그런데 옐로우 큐가 바로 "딩동댕"하고 외쳤다. 그러고는 의아한 표정의 아이들을 둘러보면서 설명을 시작했다.

"오징어 몸통처럼 물렁물렁한 외투막의 몸통을 한 동물들을 '연체동물'이라고 해요. 연체동물은 다리의 위치에 따라 다시 분류하는데, 오징어는 '두족류'에 속해요."

서연이 알아듣고 대답했다.

"머리 '두'에 발 '족'을 쓰니 머리에 발이 달린 거네요."

"그렇지! 다리와 몸통 사이에 눈과 입이 달렸잖아."

백근이 입맛을 다시며 말했다.

"오징어 입만 모아서 버터에 볶으면 진짜 맛있는데."

"백근 학생, 생물 분류 강의 중입니다. 집중해 주세요. 자! 집중. 달팽이처럼 배가 다리인 것은 '복족류', 조개처럼 다리가 도끼처럼 생긴 것은 도끼 '부'를 써서 '부족류'라고 합니다."

동해는 자신이 그렸던 오징어 그림 위에 '두족류'라고 썼다.

"선생님, 생물 분류도 재밌네요. 인정!"

서연은 지루하기만 했던 분류 체계에 새로운 흥미를 느끼며 다시 창밖의 오징어 떼를 보았다.

"머리에 다리가 있다니, 너무 귀여워요."

"오징어는 무시무시한 동물이야. 조만간 알게 될 거다."

네모 선장이 낮은 목소리로 서연의 말에 대꾸했다.

바다에 버려질 수도 있다고 무섭게 엄포를 놓은 이후 처음 건넨 말이었다. 그러고는 모두를 향해 말했다.

"자, 오늘 관람은 여기까지요. 그만 나가시죠."

네모 선장의 말이 끝나자마자 둥근 창의 창틀에서 두꺼운 철판이 내려와 바다 극장이 서서히 막을 내렸다.

옐로우 큐와 아이들은 숙소로 돌아와 각자의 침대에 누웠다. 모두 금세 깊은 잠에 빠졌다. 하지만 서연은 쉽게 잠들 수 없었다. 오늘 일어난 일들을 되짚어 보니 참으로 길고 긴 하루라는 생각이 들었다. 서연의 뒤척임에 아랑곳하지 않고 노틸러스호는 필리핀 바다를 향해 빠른 속도로 미끄러져 나갔다.

옐로우의 수업노트 02 : 다양한 생물, 어떻게 분류할까?

초5-1 다양한 생물과 우리 생활 / 중1 생물의 다양성

무려 200만 종의 생물들을 어떤 기준으로 나누면 좋을까?

다양한 생물, 어떻게 분류할까?

1. 생물의 분류

자연계에는 밝혀진 생물만 해도 약 200만 종이 있어. 과학자들은 1,000만 종 이상의 생물이 있을 거라고 예상하고 있어. 이렇게 많은 생물들과 함께 살아가려면 생물을 체계적으로 분류해서 이해해야 해. 그래서 과학자들은 생물을 분류했어. 생물들끼리의 공통점과 차이점을 찾고 기준을 정한 다음, 비슷한 생물끼리 무리 지어 분류해 왔단다.

너희는 고무나무는 식물, 강아지는 동물이라고 곧바로 대답할 수 있지? 생물계에서 움직이지 못하고 광합성으로 영양소를 만드는 생물들을 '식물계'라고 하고, 운동성이 있고 다른 생물로부터 영양소를 흡수하는 생물들을 '동물계'라고 분류하지. 처음에는 생물을 이렇게 동물계와 식물계로만 분류했어. 그런데 다른 특성을 가진 생물들이 계속 발견되면서, '동물계', '식물계', '원생 동물계', '균계', '원핵생물계' 총 5계로 나누는 현대의 생물 분류 체계가 되었단다.

2. 버섯과 곰팡이는 식물일까? 동물일까?

생물 분류 초기에 과학자들은 버섯과 곰팡이를 식물계로 분류했어. 하지만 이들은 식물처럼 광합성을 하지 않아. 죽은 나무나 음식물에서 영양소를 얻지. 중요한 특징이 다르기 때문에 '균계'를 만들어서 이들을 따로 분류했어. 그 후 현미경이 발달하면서 눈에 보이지 않는 생물이 있다는 것을 알게 되었어. 연못과 강물, 썩은 음식에도 눈으로 볼 수 없는 수많은 세균들이 있었지. 이들 중 핵이 있는 단세포 생물들은 '원생생물계'로 핵이 없는 세균들을 '원핵생물계'로 나누어 생물을 총 5계로 분류하게 되었어.

갓 아래 주름에 있는 포자가 흩어지며 번식한다.

미역 귀에 있는 포자가 흩어지며 번식한다.

3. 미역은 식물일까?

미역과 다시마 같은 바다에 사는 해조류는 광합성을 하며 살아. 생물을 분류할 초기에는 미역을 식물로 분류했어. 하지만 미역은 세포벽의 구성이 식물과 달라. 게다가 곰팡이처럼 포자를 만들어 생식하지. 성장을 할 때도 식물과 다르게 새로운 개체가 기존 개체에 계속 붙어서 자라. 현대 과학자들은 미역은 '원생생물'로 구분하게 되었어.

4. 북극곰과 불곰은 같은 종일까?

생물을 분류하는 가장 큰 단계가 '계'야. 여기 속하는 생물들을 다시 비슷한 성질로 묶어서 아래 분류하는데, 이를 '문'이라고 해. 예를 들어 동물계 중 척추가 있는 악어와 물고기를 '척추동물문'이라 하고, 오징어와 문어처럼 물컹물컹한 동물을 '연체동물문'이라고 불러.

생물의 분류 단위

계 > 문 > 강 > 목 > 과 > 속 > 종

생물을 분류할 때 가장 기본이 되는 단위는 '종'이야. 종으로 묶이는 생물은 자연 상태에서 짝짓기를 해서 자손을 낳을 수 있어. 북극곰과 불곰은 같은 종일까? 둘은 속 단위까지 같지만, 종 단위에서 나뉘었어. 즉 둘은 자연 상태에서 짝짓기로 자손을 낳을 수 없다는 말이야.

북극곰

불곰

말과 당나귀가 노새라는 새끼를 낳았어. 말과 당나귀는 같은 종일까? 둘은 같은 종이 아니야. 노새가 새끼를 낳을 수 없기 때문이야.

말 + 당나귀 = 노새

생물의 분류 체계

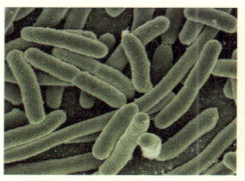

<원핵생물계>
핵이 없는 단세포 생물

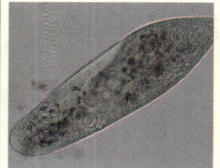

<원생생물계>
핵이 있는 단세포 생물

<균계>
운동성이 없으나, 다른
생물로부터 영양분을 얻는 생물

<식물계>
운동성이 없고, 광합성을 하여 스스로
영양분을 만드는 생물

<동물계>
운동성이 있고, 다른 생물을
먹이로 하여 영양분을 얻는 생물

생물을 부르는 이름

생물학에서는 사람을 '호모 사피엔스(Homo sapiens)'라고 불러. 사람이라는 단어는 한글일 뿐, 다른 나라에서는 각각 다른 말이 있지. 과학자들은 생물의 이름을 통일시켜 부르려고 학명을 만들었어.

호모 사피엔스(Homo sapiens)는 학명이야. 학명은 생물 분류 단위의 속명과 종명을 차례로 쓰기로 약속했어. 즉 속명이 호모, 종명이 사피엔스인 거야. 이러한 생물 명명법은 18세기 린네라는 과학자가 처음 만들어 썼어. 공원의 나무에 붙은 이름표에 한국어로 이름이 있고, 그 아래 라틴어로 학명을 써 두었어. 앞으로 공원에 가면 식물의 국제 명칭인 학명을 확인해 보자!

3
돌아갈 마음이 사라진 걸까?

잠에서 깬 서연은 몸 상태가 좋지 않았다. 밤새 집을 찾아 헤매는 꿈을 꾸었기 때문이다. 노틸러스호는 '웅' 하는 기계음을 내면서 바닷물을 가르고 있었다. 노틸러스호 안에서는 자유로웠고, 맛있는 음식이 충분했다 하지만 마음 한편이 허전하고 불안했다. 언제까지 부모님에게로 돌아가지 못하고 바닷속 떠돌이 생활을 해야 하는 걸까? 답답하기만 했다.

서연은 자리에서 일어나 침대 밑으로 내려왔다. 다들 어디로 갔는지 보이지 않았다. 소파 위에는 이곳에 왔을 때 입었던 옷들이 말끔하게 세탁되어 있었다. 서연은 옷을 갈아입고 복도로 나갔다.

기다란 복도 어디선가 옐로우 큐의 웃음소리가 들렸다. 소리가 나는 곳을 따라가 보니 조금 열린 문틈으로 은은한 조명이 새어 나오는 방이 보였다. 서연이 조심스레 방문을 열고 들어가자, 눈앞에 또 하나의 놀라운 광경이 펼쳐졌다. 그곳은 외국 영화에서 본 것과 같은 고전적이고 아름다운 방이었다.

바닥에 화려한 문양의 페르시안 카펫이 깔려 있었고, 벽에는 아름다운 유화 그림이, 천장에는 고급스러운 샹들리에가 걸려 있었다. 촛불이 꽂혀 있는 샹들리에에서 부드러운 불빛이 쏟아져 방 안을 가득 채웠다. 흑단 원목에 동으로 만든 장식을 박아 넣은 책꽂이에는 양장 책들이 빼곡하게 꽂혀 있었다. 책꽂이 앞쪽으로는 누워서 책을 볼 수 있는 기다란 가죽 소파가 놓여 있었다. 벽에 걸린 액자와 장식장 선반뿐만 아니라 바닥 여기저기에 처음 보는 생물 표본들이 진열되어 있었다. 네모 선장이 자신이 수집한 귀한 책들과 아름다운 예술품, 진귀한 표본을 관리하기 위해 노틸러스호 안에 박물관을 만들어 둔 것이다. 누가 여기를 잠수함 속이라고 생각하겠는가?

옐로우 큐와 네모 선장은 이야기를 나누고 있었다. 진열된 진귀한 해양 생물 표본을 볼 때마다 옐로우 큐의 입에서 감탄사가 흘러나왔다.

"선장님의 박물관이 우리 해양 박물관보다 뛰어납니다. 인도양의 망치조개, 새하얀 조가비, 황록색 밤고둥, 뉴질랜드산 뿔소라까지. 정말이지 대단합니다."

선장은 입을 굳게 다물고 있었지만, 옐로우 큐가 자신의 수집품을 보고 감탄하는 것에 뿌듯해하는 게 분명했다.

"옐로우 큐 선생, 더 좋은 것이 있소. 이리로 오시지요. 내 귀중한 보물을 보여 드리리다."

서연이 둘을 따라 별도로 구획된 공간으로 들어가자, 벽에 더 화려한 액자가 걸려 있었고, 진열대 위로는 값비싼 보물들이 보였다. 옐로우 큐는 아이처럼 펄쩍 뛰며 기쁜 마음을 감추지 못했다.

"오, 아름다운 진주! 진주로군요. 초록색 진주, 노란색 진주, 이건 흑진주네요."

"모두 페르시아 천연 진주요."

"세상에! 페르시아 천연 진주는 해양 오염 때문에 이미 오래전에 멸종했습니다. 이 귀한 걸 눈으로 직접 보다니."

"멸종이라니! 안타깝군요. 선생은 진주가 어떻게 만들어지는지 아시오?"

네모 선장의 질문에 옐로우 큐의 눈빛이 또다시 반짝였다.

"그럼요. 조개류는 이물질이 들어오면 이를 막기 위해 탄산칼슘을 분비하지요. 이 탄산칼슘이 딱딱한 진주가 되는 겁니다."

"그렇다면 당신네 나라에서는 이미 진주를 인공적으로 만드는 방법을 알고 있겠군요?"

"그렇습니다."

"음, 하지만 이런 건 보지 못했을 것이오. 자, 보시오."

네모 선장이 진주가 전시된 진열장의 가운데에서 묵직한 상자를 조심스레 꺼내어 탁자 위에 놓고 뚜껑을 열었다. 거기에는 달걀만큼이나 큰 흑진주가 영롱한 빛을 뿜어내고 있었다.

"헉! 흑진주는 무척 귀합니다. 더군다나 이렇게 큰 흑진주가 있다는 얘기는 이제껏 들어 보지 못했어요."

"지름이 1m쯤 되는 말조개에서 내가 직접 키운 거요."

옐로우 큐가 두 눈을 동그랗게 뜨고 네모 선장을 보았다.

"선장님이야말로 과학자십니다. 존경합니다, 네모 선장님."

해양 생물에 무척 관심이 있는 옐로우 큐에게 여기 노틸러스호는 보물 창고나 마찬가지였다. 서연은 네모 선장에게 흠뻑 빠진 옐로우 큐를 불안한 눈으로 바라보았다.

'어쩌면 선생님은 집으로 돌아갈 마음이 없는지도 몰라.'

옐로우 큐가 네모 선장의 수집품을 보면서 엄지를 치켜세울 때마다 서연의 불안감은 점점 커졌다.

한참이 지나서야 옐로우 큐가 문가에 서 있는 서연을 발견하고 인사를 건넸다.

"민서연 학생, 잘 잤니? 언제부터 거기 있었던 거야? 이거 봐라. 이 흑진주는 매우 귀한 거란다. 프랑스 여행가 타베르니에가 페르시아 왕에게 300만 프랑에 판 진주보다 큰 거야. 이리 와서 봐 봐."

"아뇨, 전 괜찮아요. 다른 애들은 어디 있어요?"

서연이 일부러 심드렁한 표정을 지으며 물었다.

"백근 학생은 요리를 배운다고 주방으로 갔고, 동해 학생은 바다 생물을 다시 보고 싶다며 극장으로 갔어."

옐로우 큐의 눈길은 이내 네모 선장의 수집품으로 돌아갔다. 서연은 조금 쓸쓸한 기분으로 네모 선장의 박물관에서 나와 주방으로 향했다.

주방은 식당 바로 옆에 있었다. 주방 가운데에 커다란 조리대가 자리 잡고 있었고, 한쪽 벽에는 식료품 창고로 통하는 문이 보였다. 다른 벽에는 갖가지 전기 조리 기구가 설치돼 있었다. 어제 네모 선장이 이야기했던 바닷물을 전기로 정화하여 물을 만드는 기계도 보였다. 마치 커다란 커피머신 같았다.

백근은 노틸러스호의 요리사 한 사람을 붙들고 표정과 몸짓을 섞어 가며 요리를 배우고 있었다. 원래도 적극적이고 밝은 성격이지만, 요리를 배우는 지금이 백근에게는 제일 즐거운 시간인 것 같았다.

팬 위에는 벌써 빨간색 음식이 완성돼 있었다. 백근이가 자기가 가지고 다니는 고춧가루와 고추장 양념으로 만든 것 같았다.

백근이 음식을 포크로 찍어서 옆에 있는 요리사의 입 앞까지 가져갔다. 먹어 보라는 뜻이다. 요리사는 매운 것을 잘 먹지 못한다며 주저하다가 백근의 서글서글한 웃음에 못 이겨 입을 벌렸다.

"디스 이즈 제육볶음. 베리 핫, 매워, 매워."

고추장 범벅의 음식을 요리사 입에 넣고는 백근이 함박웃음을 지었다. 요리사의 얼굴이 금세 빨갛게 달아올랐다. 외국 사람이 한국의 매운 고추 맛을 느끼기가 쉽지 않을 것이다. 요리사는 "삐머때 삐머때!" 하고 외쳤다. 백근은 벌컥벌컥 물을 들이키는 요리사가 재밌는지 배꼽을 잡고 웃어 댔다.

서연은 그런 백근을 지켜보고 있다가 백근과 눈이 마주쳤다.

"서연아, 이리 와 봐. 내가 고향의 맛을 느끼게 해 줄게."

서연이 애써 밝은 척하며 백근 옆으로 갔다.

"무슨 요리야?"

"일종의 제육볶음이라고나 할까?"

서연은 백근이 그릇에 담아 준 빨간 고기를 보았다.

고기 한 조각을 집어 냄새를 맡았다. 그리운 고춧가루 향기가 콧속으로 들어왔다. 입에 침이 고였다. 고기 조각을 입에 넣고 씹었더니 알싸한 통증이 느껴지며 기침이 났다.

외국인 요리사가 그런 서연을 보면서 "거봐, 너도 못 먹겠지?" 하는 표정을 지었다.

"매운맛은 원래 기침이 난다고요."

서연은 요리사가 알아듣든 말든 한마디 던지고는 그릇에 담긴 고기를 입에 털어 넣었다. 얼마 만에 먹는 대한민국의 매운맛인지 모르겠다. 입술이 빨갛게 달아오르고 눈에는 눈물이 그렁였다. 요리사는 매운 음식을 잘 먹는 서연을 보며 놀랍다는 표정으로 엄지를 치켜세웠다.

"한꺼번에 먹으면 안돼, 서연아. 아주 매울 텐데. 괜찮아?"

백근이 걱정 어린 눈빛으로 물었다.

"이 제육 볶음 정말 맛있다."

"맛있게 먹어 줘서 고마워. 나중에 또 만들어 줄게."

백근은 서둘러 말하고는 요리사에게 새로운 요리를 만들어 보자며 재촉했다. 서연은 이곳도 자신이 있을 곳이 아닌 것 같아서 조용히 주방에서 나왔다.

이번에는 백열등이 켜진 긴 복도를 터덜터덜 걸어서 어제 갔었던 바다 극장으로 갔다. 천동해가 있었다. 동해는 서연이 들어 온 것도 모르고 창밖으로 보이는 생물들을 그리는 데 열중하고 있었다. 평소에도 바다 생물을 그리는 것이 취미였는데, 눈앞에서 직접 신기한 생물들을 보니 얼마나 재미있을까? 서연이 다가갔지만, 동해는 힐끗 보기만 할 뿐 그림 그리기를 계속했다.

옐로우 큐 선생님과 오백근, 천동해까지 모두 노틸러스호에서 즐거워 보였다. 다들 돌아갈 마음이 사라진 걸까? 서연은 자기 혼자만 불안해하는 게 속상해서 괜히 동해에게 화를 냈다.

"넌 사람이 들어왔는데, 인사도 안 하니?"

동해가 고개를 들고 건성으로 "안녕."하고는 다시 하던 일에 집중했다. 그런 동해에게 더욱 짜증이 나서 서연은 허공을 향해 소리 질렀다.

"아주 다들 좋겠어. 네모 선장과 죽이 척척 맞는 선생님은 부선장이 되면 되겠고, 오백근은 노틸러스호의 요리사로 취직해서 죽을 때까지 행복하게 살면 되겠네. 그리고 천동해 넌, 여기에서 평생 좋아하는 바다 생물이나 그리면 되겠네!"

불평을 듣고 있던 동해가 연필을 탁자 위에 세게 내려놓았다.

"넌 매사에 뭐가 그리 불만이야?"

동해가 서연을 쏘아보며 물었다.

"넌 지금 이 상황이 정상이라고 생각하니?"

"아니, 그렇다고 우리가 어떻게 할 수 있는 건 없잖아."

"왜 없어? 네모 선장을 설득해서 집으로 보내 달라고 해야지. 넌 가족이 보고 싶지도 않아?"

"나도 보고 싶어. 하지만 『해저 2만 리』는 1860년대 소설이야. 노틸러스호를 타고 한국으로 돌아가도 조선 시대라고."

그러자 서연이 고개를 가로저었다.

"몰라. 난 짜증 난단 말이야. 이 잠수함을 타고 도대체 얼마나 돌아다녀야 해?"

"오대양 육대주를 돌아야 하지. 심지어 남극까지 가야 해."

동해가 조용히 말했다.

"뭐? 남극? 그럼 난 진짜 돌아 버릴지도 몰라. 이 소설의 결말은 어떻게 되는데?"

"소설 속 아로낙스 박사 일행은 마지막에 바다 소용돌이 메일스트롬으로 탈출해. 우리에게 탈출할 기회가 생길 때까지 네모 선장의 심기를 건드리지 않는 게 좋아."

"흥, 네모, 네모 선장! 다들 무서워서 그렇지? 겁쟁이 같으니."

서연은 선생님처럼 말하는 동해가 거슬려서 비아냥댔다. 동해는 그런 서연에게 화를 내며 벌떡 일어섰다. 무슨 말을 더하려는 듯 입술이 미세하게 떨렸지만, 곧 입을 꾹 다문 채 연필과 종이를 거칠게 집어 들고 바다 극장을 나가 버렸다.

서연은 다시 혼자가 됐다. 답답함과 함께 슬픔이 밀려왔다. 의자에 앉아 무릎을 세우고 고개를 파묻었다. 일부러 그러려고 한 게 아닌데, 동해만 보면 왜 자꾸 화가 나는 건지 알 수 없었다.

서연은 가만히 생각을 되돌려 보았다. VR 체험을 할 때 지진이 났고, 천장의 조명이 떨어지는 사고가 났었다. 그 순간 Q 배지가 빛을 발산했고…… 그리고 어떤 말소리가 들렸다.

깊고 넓은 바다로 가라.
경이로운 바다를 체험하라.
모두 하나가 되어라.

어디서 들리는 소리인지 알 수 없었다. 그러나 그 메아리 같은 소리가 들리고부터 이처럼 깊고 넓은 바닷속을 여행하게 되었다.

'천동해의 말대로 우리가 『해저 2만 리』의 과정을 겪어야 끝나는 거라면 노틸러스호를 타고 오대양, 육대주를 가겠지? 그러면 바다가 얼마나 경이로운지 느낄 수 있을 거야.'

서연은 다시 곰곰이 생각해 보았다. 하지만 마지막 메시지 만큼은 이루어지지 않을 것 같았다. 모두 하나가 되라니 선생님 때문에 어쩔 수 없이 한 모둠이 되었지만, 서연은 평소 천동해나 오백근 같은 아이들에게는 관심조차 없었다. 달라도 너무 다른 이런 애들과 하나가 될 마음이 조금도 생기지 않았다.

게다가 반에서 늘 외톨이였던 동해가 이곳에 온 뒤로는 대놓고 서연을 비판하더니 이제 은근히 무시하며 가르치려 들었다.

'쳇! 자기가 뭔데?'

생각하면 생각할수록 불쾌했고, 시시때때로 미운 생각이 고개를 들었다. 하나가 되라고? 말도 안된다.

"에이, 몰라!"

서연은 애꿎은 머리카락만 쥐어뜯었다.

옐로우의 수업노트 03 : 놀라운 바다 자원

초5-1 다양한 생물과 우리 생활 / 중1 생물의 다양성

우리가 바다에서 얻을 수 있는 자원과 에너지에는 어떤 것이 있을까?

바다 자원은 미래의 에너지

맛있는 생선과 미역 등 식량을 얻지.

소금도 바다에서 얻을 수 있는 소중한 자원이야.

바다는 미래 자원의 비밀 창고래.

1. 바다의 다양한 생물 자원

생물의 80%가 바다에 살고, 우리는 이 중 1%만 알고 있어. 그만큼 바다는 미지의 세계야. 바다 생물 자원은 다양한 가치가 있어. 생선과 조개, 미역 등의 다양한 어패류와 해조류는 고마운 식량 자원이야.

바닷물에는 인간 생존에 반드시 필요한 소금이 녹아 있어. 1ℓ의 바닷물에 약 35g의 염류가 녹아 있으니, 전 세계 바닷물의 양을 생각하면 이는 무궁무진하다고 할 수 있어. 또한 바닷가의 모래와 자갈은 건물을 짓는 콘크리트 등의 골재가 된단다. 바닷속에는 육지보다 광물 자원이 더 많아. 망간, 구리, 철, 아연 등 다양한 광물이 심해 바닥에 깔려 있지.

2. 미래의 바다 광물 자원, 망간 단괴

수심 5,000~6,000m 사이 해저 바닥에 깔려 있는 '망간 단괴'는 매우 유용한 미래의 광물 자원이야. 이것은 바닷속 물질이 천 년 이상 쌓여서 만들어진 덩어리야. 망간뿐 아니라 니켈, 구리, 철, 코발트 등의 금속이 포함돼 있어. 망간은 건전지나 페인트의 재료고, 니켈, 구리, 철도 우리 일상 곳곳에 쓰이고 있지. 이 금속들은 특히 미래 첨단 산업에 꼭 필요한 것이라서 사람들은 망간 단괴를 '검은 황금'이라 부르며 그 가치를 높이 평가하고 있어.

3. 미래의 바다 에너지원, 메탄 하이드레이트

'메탄 하이드레이트'는 천연가스의 주성분인 메탄이 대량으로 물에 녹아 얼음이 된 거야. 최근에 주목받는 에너지원이야. 높은 압력과 낮은 온도로 압축돼 있어서 1ℓ에 무려 200ℓ의 가스를 얻을 수 있어. 게다가 석탄, 석유보다 이산화탄소 발생량이 매우 적어서 친환경 에너지원이란다.

우리나라 독도 주변의 깊은 바다에 메탄 하이드레이트가 저장되어 있어. 석유 한 방울 나지 않는 우리나라가 에너지 자립을 할 수 있는 좋은 기회라서 많은 기대를 하고 있지.

메탄 하이드레이트의 겉모습이 드라이아이스와 비슷해. 드라이아이스에서 하얀 기체가 나오는 것을 본 적 있지? 메탄 하이드레이트도 드라이아이스처럼 하얀 기체를 내뿜는데 이 기체가 바로 메탄가스야. 메탄 하이드레이트는 불이 잘 붙어서 불타는 얼음이라는 별명을 가지고 있어.

4
가장 깊은 바다, 마리아나 해구로

노틸러스호에 탑승한 지 일주일쯤 지났을까? 네모 선장은 각종 과학 기기가 설치된 방으로 옐로우 큐와 아이들을 초대했다.

방의 한쪽 벽에 기구들이 빽빽이 차 있었다. 시계 모양의 바늘이 수시로 변하는 것도 있고, 천천히 움직이는 것도 있었다. 현대의 디지털 기기가 아닌 아날로그 방식의 측정기였다.

네모 선장은 뒷짐을 지고 선 채 각종 기기를 바라보고 있었다. 옐로우 큐가 유쾌하게 인사를 건네며 선장 가까이로 다가갔다.

"네모 선장님, 오랜만에 뵙습니다."

"어서 오시오, 옐로우 큐 선생."

옐로우 큐와 아이들은 네모 선장 옆으로 나란히 서서 측정기기들을 보았다.

네모 선장은 기구의 기능을 하나씩 설명하기 시작했다.

"저기 단순해 보이는 측량 기기는 온도와 기압과 습도를 재는 기계입니다. 잠수함 내부의 환경 상태를 알려 주지요. 바늘이 미세하게 떨리는 저것이 나침반이고, 저기 걸린 육분의는 태양의 고도를 알려 주며, 이쪽 크로미터로는 경도를 계산하지요."

"아, 그렇군요. 이번 기회에 저도 잠수함의 과학 원리에 대해 좀 더 많이 배워야겠습니다. 그런데 오늘 저희를 이곳으로 초대한 특별한 이유가 있으신가요?"

네모 선장은 숫자가 왔다 갔다 하는 원형기기에 손을 올렸다.

"이건 바닷속의 압력과 온도를 재는 측심기요. 옐로우 큐 선생은 해양학에도 관심이 많다고 했으니 바닷속의 압력과 온도에 관해 잘 알고 있을 것 아니오?"

과학 이야기가 나오자, 안경 속 옐로우 큐의 눈이 반짝 빛났다.

"네모 선장님께서 허락하신다면 학생들에게 압력에 관해 설명하고 싶군요."

"좋으실 대로."

옐로우 큐는 아이들 쪽으로 몸을 돌려 설명을 시작했다.

"얘들아, 만약 너희들이 지표면에 서 있다면 1,000km의 공기층이 너희를 누르고 있는 거야. 그게 1기압이지. 평소에는 느껴지지 않겠지만, 그건 굉장한 힘이야. 무려 1m^{2}당 10t의 힘이니까."

서연이 질문했다.

"선생님, 그렇게 센 힘이 몸을 누르는데, 우리는 어째서 멀쩡한 거죠?"

"좋은 질문이야. 우리 몸은 공기가 누르는 1기압에 적응되어 있어. 몸 안쪽에서도 바깥쪽으로 같은 크기의 힘을 내고 있단다. 팩 음료를 빨대로 빨아 먹으면 팩이 쭈그러드는 경험을 다들 해 봤지? 그건 바로 대기압이 누르기 때문이야. 만일 우리 몸이 안에서 바깥쪽으로 힘을 내지 않는다면, 우리도 다 먹은 음료 팩처럼 쭈그러들고 말걸."

"알 듯 말 듯 하네요."

서연이 고개를 갸웃거리며 말했다.

"좋아, 이제 물속을 생각해 보자. 물속에 들어가면 공기가 누르는 힘에 물이 누르는 힘이 더해져서 몸은 더 큰 압력을 받게 돼. 물은 공기보다 밀도가 훨씬 크니까 압력도 세지. 물속으로 10m만 들어가도 1기압에 도달한단다. 1,000m를 들어가면 어떻게 될까? 무려 100기압이니야. 다시 말해서 1m^{2}당 1,000t의 힘을 받는단다."

아이들은 엄청난 숫자에 놀라서 그저 고개만 끄덕였다.

네모 선장이 한 걸음 앞으로 나왔다.

"여러분을 여기로 초대한 것은 오늘 노틸러스호가 바다의 가장 깊은 곳으로 들어가기 때문이오."

그 말에 가장 먼저 반응을 보인 사람은 역시 옐로우 큐였다.

"얼마나 깊이 들어가려는 거죠?"

마치 놀이공원에 빨리 들어가고 싶어 조바심이 난 어린이의 표정 같았다.

"나는 가장 깊은 곳이라고 말씀드렸소."

"서, 설마. 마리아나 해구?"

옐로우 큐가 목소리가 떨렸다.

"노틸러스호는 최근에 괌 근처를 항해하고 있었소. 마리아나 해구는 괌의 북마리아나 제도 오른쪽에서 일본까지 2,500km에 달하는 길이로 발달해 있소. 가장 깊은 곳은 11,000m에 달한다오."

"내 평생 마리아나 해구를 가 보다니! 책으로 공부한 곳에 직접 가게 된다니! 가슴이 터질 것처럼 설렙니다, 선장님. 얘들아, 들었지? 마리아나해구는 세계에서 가장 깊은 바닷속 해구야. 8,848m 높이의 에베레스트산이 잠기고도 남는 깊이라고!"

옐로우 큐의 외침에 서연이 걱정스럽게 물었다.

"그럼, 이 잠수함이 11,000t의 힘을 버틴단 말이에요? 그 정도 힘에는 아무리 강한 철판이라도 찌그러져 버릴 거예요."

서연의 말에 정신이 번쩍 들었는지 옐로우 큐가 네모 선장을 바라보았다.

"오늘, 그 누구도 볼 수 없었던 심해를 민서연 학생 눈으로 똑똑히 볼 거야. 그리고 자신의 말이 틀렸다는 걸 알게 될 거다."

선장의 미간에 주름이 깊게 잡혔다.

"선장님, 진짜 심해를 우리 눈으로 직접 본다는 거죠? 그게 가능하단 이야기죠?"

옐로우 큐가 재차 확인하며 뛸 듯이 기뻐했다.

"그러니 내 노틸러스호를 만만하게 보지 말라는 것이오. 선체 하부에 바다로 돌출시켜 방을 만들어 두었소. 그 방의 유리를 통해 심해를 경험할 거요. 바다와 노틸러스호에 경외심을 가지시오."

"아, 존경합니다. 네모 선장님뿐만 아니라 노틸러스호를 존경하고말고요."

"좋소. 노틸러스호가 곧 마리아나 해구에서 두 번째 깊은 '챌린저 해연'으로 들어갈 것이오. 그럼, 선체 아래에 있는 방으로 가서 심해를 마음에 새기시오."

옐로우 큐와 아이들은 네모 선장이 말한 방에 들어섰다.

사방에 바다로 돌출된 반구형의 둥근 유리창이 있었다. 일행은 저마다 가까운 창으로 다가섰다. 요란한 기계음이 들리는 것으로 미루어 노틸러스호도 단단히 준비를 하는 모양이다. 이 잠수함에도 큰 도전인 것 같았다. 드디어 노틸러스호가 찬찬히 심해 바닥으로 가라앉기 시작했다.

옐로우 큐가 아이들을 돌아보고 말했다.

"너희, 해구가 뭔지 아니?"

아이들은 고개를 저었다.

"그럼, 지각은 들어 봤고?"

과학 상식이 풍부한 서연이 대답했다.

"지구는 지각, 맨틀, 외핵, 내핵으로 이루어져 있잖아요. 가장 바깥쪽 껍데기가 지각이에요."

"역시, 민서연 학생은 잘 알고 있구나. 지각의 100km 두께를 '판'이라고 해. 지구의 표면은 크고 작은 판들로 이루어져 있단다. 그 판들은 맨틀의 대류에 따라 계속 움직이고 있어. 태평양 바다는 하나의 큰 태평양판으로 이루어져 있어. 이 태평양판이 대류에 따라 움직이며 유라시아판과 필리핀판의 아래쪽으로 계속 파고들고 있지. 이렇게 계속 파고들면 그 부분은 어떻게 될까?"

백근이 손을 들었다.

"오백근 학생, 말해 보세요."

"판이 파고드는 부분이 점점 깊어집니다."

"딩동댕! 그래서 태평양판과 유라시아판이 만나는 일본 동쪽에 움푹 팬 깊은 '해구'가 만들어진 것입니다."

그때 동해가 손을 높이 들었다.

"그래. 천동해 학생, 무엇이 궁금한가요?"

"판이 판 아래로 파고 들어가면 결국엔 아래쪽 판은 사라지나요? 새로 만들어지는 곳은 없나요?"

옐로우 큐가 손뼉을 딱 쳤다.

"좋은 질문이에요. 사라지는 판이 있으면 당연히 새로 만들어지는 판도 있어요. 현재 아메리카 대륙과 유럽, 아프리카 대륙은 점점 멀어지고 있어요. 대서양의 중앙에서 맨틀이 솟아 나와 새로운 판이 계속 만들어지기 때문이지요. 그럼, 그 땅은 어떤 모양이 될까요, 동해 학생?"

"음, 판이 파고들 때는 움푹 들어가니까, 판이 새로 만들어지면 불룩 솟아나지 않을까요?"

옐로우 큐가 호들갑스럽게 물개박수를 쳤다.

"맞았어! 고로 대서양 중앙에는 해저 산맥이 있어요. 그것을 과학 용어로 '해령'이라고 해요."

서연은 옐로우 큐에게 칭찬받고 동해가 우쭐해하는 것이 꼴보기

싫었다. 이 유치한 학교 놀이가 싫증이 나서 어두워지는 바다를 손가락으로 가리키며 심드렁하게 말했다.

"선생님, 이제 학교 놀이는 그만하세요. 그토록 고대하던 심해나 감상하시죠."

서연의 말에 옐로우 큐가 재빨리 창 쪽으로 몸을 돌렸다.

"오, 그래야겠구나! 벌써 어두워지고 있네."

노틸러스호는 바다 가장 깊은 곳을 향해 아래로 아래로 천천히 내려갔다.

옐로우의 수업노트 04 : 지구의 내부는 어떻게 생겼을까?

초4-2 화산과 지진 / 중1 지권의 변화

지구 속이 어떻게 생겼는지, 깊은 바다 해저 지형은 어떻게 만들어졌는지 알아보자.

지구 내부는 어떻게 생겼을까?

1. 지구 내부는 어떻게 생겼을까?

지구는 반지름이 약 6,400km인 거대한 공 모양이야. 지구는 지각, 맨틀, 외핵, 내핵, 4개의 층상 구조로 되어 있어. 과학자들은 지진파의 속도 변화를 연구하여 지구 내부 구조를 밝혀냈단다. 깊이에 따라 달라지는 지진파의 속도로 각 부분이 어떤 물질로 이루어졌는지는 알아냈지.

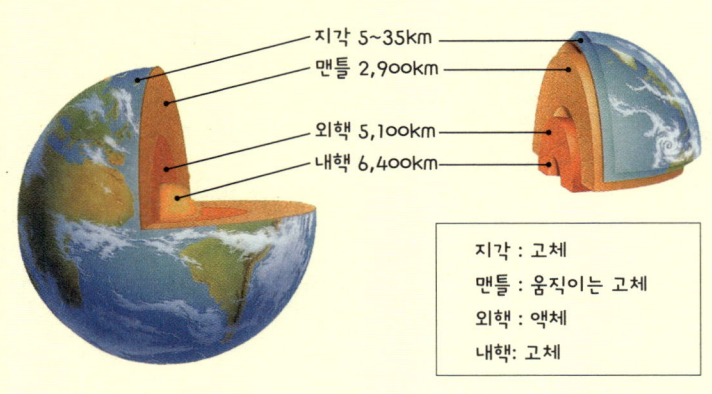

2. 대륙이 움직인다고?

아래 그림은 지구의 판이 어떻게 나뉘어 있는지 보여 주고 있어. 우리나라는 유라시아판에 속해 있어. 유라시아판은 유럽과 아시아를 포함하는 하나의 커다란 판이야. 가장 넓은 바다인 태평양도 하나의 커다란 판으로 되어 있어. 그리고 북아메리카판, 남아메리카판, 아프리카판 등 주로 대륙 또한 판으로 이루어져 있지. 판은 서서히 움직이면서 여러 지형을 만들어. 노틸러스호를 타고 경험하는 '마리아나 해구'도 판들의 이동으로 만들어진 해저 지형이야.

세계의 판 구조

3. 판이란 무엇일까?

지각과 상부 맨틀 중 윗부분(100km 정도)은 딱딱한 암석권으로 이루어져 있는데, 이를 '판(plate)'이라고 해. 지구 표면은 크고 작은 10여 개의 판으로 구성되어 있고, 이 판들은 맨틀 내부에서 일어나는 '대류 운동'에 따라서 계속 움직이고 있어. 과거에 이 판들은 하나의 커다란 대륙이었어. 오랜 시간에 걸쳐 서서히 이동하여서 지금의 대륙으로 나뉘어졌다는 '대륙 이동설'이 제기되었지.

4. 판의 이동으로 생겨난 해저 지형

바다 골짜기, 해구 일반적으로 해양판은 대륙판보다 밀도가 커. 그래서 이 두 판이 만나면 밀도가 큰 해양판이 밀도가 작은 대륙판 밑으로 파고 들어가. 이렇게 파인 곳이 깊은 골짜기가 되는데, 이를 '해구'라고 해.

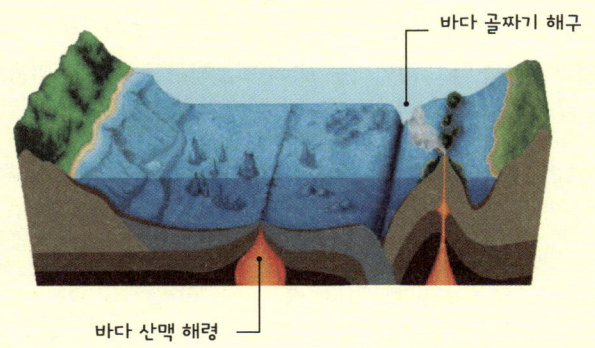

바다 골짜기 해구

바다 산맥 해령

바다 산맥, 해령 판이 멀어지면서 땅속에서 용암이 솟아나서 새로운 판이 만들어져. 바다 산맥인 '해령'이야. 대서양 가운데에 있는 중앙 해령은 무려 길이가 17,000km이고, 높이는 2,500~3,000m나 된단다.

마리아나 해구와 심해 탐사

마리아나 해구는 태평양판과 유라시아판, 필리핀판이 만나는 곳에 만들어진 대표적인 해구야. 길이가 2,500km로 아주 길게 형성되어 있어. 지구에서 가장 깊은 곳으로 알려진 마리아나 해구의 '비티아즈 해연'은 그 깊이가 무려 11,034m나 돼.

그다음 깊은 해연이 실제로 탐사에 성공한 '챌린저 해연'인데, 깊이가 약 10,984m로 알려져 있어. 세계에서 가장 높은 산인 에베레스트산(8,848m)이 가라앉아도 2,000m 넘게 남을 정도로 깊지. 그동안 탐험가들이 챌린지 해연 탐사에 끊임없이 도전했지만, 수압이 높아서 성공하기 쉽지 않았어. 지금까지 그곳에 도달한 사람은 8명 밖에 없단다. 2020년 5월 7일에 전직 우주비행사이자 지질학자인 캐서린 설리반이 여성 최초로 챌리지 해연 10,928m 지점까지 도달했어. 모험심이 강한 캐서른은 우주 유영과 챌린저 해연 탐사에 성공한 훌륭 탐험가가 되었어. 이런 탐험가들의 용기가 늘 과학 발전의 첫걸음이 되었단다.

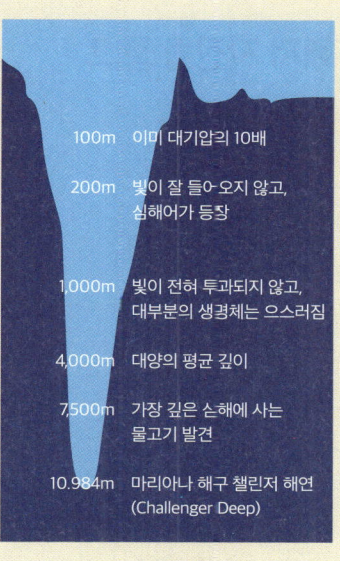

100m 이미 대기압의 10배
200m 빛이 잘 들어오지 않고, 심해어가 등장
1,000m 빛이 전혀 투과되지 않고, 대부분의 생경체는 으스러짐
4,000m 대양의 평균 깊이
7,500m 가장 깊은 손해에 사는 물고기 발견
10,984m 마리아나 해구 챌린저 해연 (Challenger Deep)

마리아나 해구

5
해저 지진을 뚫고

이제 노틸러스호는 한 치 앞도 보이지 않는 깊은 바다에 도달했다. 노틸러스호는 옐로우 큐가 말한 그 엄청난 압력을 견뎌 내느라 이곳저곳에서 끼이익! 쇠 부딪히는 소리를 냈다.

서연은 눈앞의 둥근 유리가 그 큰 압력을 버틸 수 있을지 걱정되었다. 『해저 2만 리』 소설 속이라면 19세기가 아닌가! 당시의 기술 수준으로 큰 압력을 버티는 유리 가공이 가능한 건지 의문이었다.

"옐로우 큐 선생님, 쇠가 휘어지는 소리가 들리시죠?"

"그래, 나도 들린다."

"과연 이 유리가 11,000t의 힘을 버틸까요?"

"유리는 깨지기 쉬운 재료지만 굳기가 아주 강한 광물이야. 더

군다나 볼록 렌즈 모양의 유리라서 힘을 분산할 수 있으니 잘 버틸 거다."

옐로우 큐의 설명에 동해가 덧붙였다.

"소설 속에서는 성공하니까, 너무 걱정하지 마."

서연은 동해가 잘난 척하는 것 같아서 또 짜증이 났다.

"그건 소설이지! 이건 현실이라고!"

"넌 이게 현실인지 확신할 수 있어? 괜히 알려 줘도 난리야."

동해의 말에 약이 오른 서연이 더 강하게 쏘아붙이려는 순간, 컴컴했던 바닷속이 환해졌다. 노틸러스호의 탐조등이 강력한 빛을 내뿜으며 바다를 비춘 것이다.

"광합성을 하는 해초들은 심해의 어두운 바다에선 살 수 없어. 하지만 동물들은 다르지. 몇몇 물고기들은 심해에서도 살아. 저기 봐라. 압력계가 수심 2,000m를 알려 주고 있다."

텅 빈 바다는 투명하고 맑았다. 넷은 멍하니 창문 밖의 심해를 보았다. 몽환적인 장면에 마음을 빼앗겼다. 서연의 마음에는 말로 표현할 수 없는 감정들이 생겼다 사라지길 반복했다.

그때 눈앞에 괴생물체가 나타났다. 갑옷처럼 딱딱한 비늘에 무시무시한 이빨을 가진 물고기였다. 머리가 몸통의 3분의 2를 차지할 정도로 컸으며, 뾰족뾰족한 이빨은 큰 머리의 반이나 차지하고 있었다. 쇠창살처럼 생긴 커다란 이빨에 갇히면 어떤 것도 빠져나올 수 없을 것 같았다.

"오! 사진으로만 보았던 독사 물고기구나."

노틸러스호가 해저로 내려갈수록 새로운 생물들이 하나씩 나타났다가 사라졌다. 몸의 색깔을 순식간에 바꿔 버리는 문어, 온몸이 투명해서 내장까지 보이는 투명 물고기, 깔때기처럼 큰 입을 가진 심해 뱀장어가 그것이었다. 머리의 촉수가 초록 형광 빛으로 빛나는 초롱아귀도 보였다. 초롱아귀가 작은 물고기를 유인해 날카로운 이빨로 덥석 무는 장면은 다큐멘터리 그 자체였다.

"와우! 선생님, 대왕오징어예요."

백근이 가리키는 쪽을 쳐다보니 멀리 빨간빛을 한 거대한 오징어가 다가왔다. 열 개의 다리를 박차는 힘이 어찌나 센지 헤엄치는 속도가 어마어마했다. 동그랗게 눈을 뜬 옐로우 큐의 입에서 오징어의 분류 체계가 자동으로 읊어 나왔다.

"연체동물문 두족류 십완목 오징어."

"저 오징어 다리로 튀김을 하면 한 달은 먹겠는데요?"

백근이 동그란 창문에 찰싹 붙어서 말했다.

"8m에 달하는 죽은 오징어가 해안에서 발견되었다고 들은 적은 있다만, 저 오징어는 족히 20m는 되겠어."

"저 오징어는 노틸러스호를 고래로 생각하고 공격하는 것이오. 오징어는 무시무시하고 위험한 동물이오."

문 쪽에서 네모 선장의 굵고 낮은 목소리가 들렸다. 선장은 대왕오징어를 노려보며 팔짱을 끼고 서 있었다.

선장의 말대로 가까이 다가온 대왕오징어는 아나돈다처럼 거대한 다리를 노틸러스호 쪽으로 쭉 뻗었다. 오징어 다리에는 수백 개의 커다란 반구형 빨판이 있었다. 이 강력한 빨판이 잠수함의 철판에 자석처럼 철퍼덕 달라붙었다.

잠수함은 대왕오징어와 함께 서서히 밑으로 가라앉았다. 창에 붙은 오징어가 잠수함의 안에 있는 사람들을 매섭게 노려보고 있다. 열 개의 다리 가운데에 앵무새 부리처럼 생긴 딱딱하고 강력한 입이 보였다. 주둥이가 벌어지자 그 안에서 이빨이 돋아 있는 혀가 나왔다.

아이들은 인상을 구기며 창에서 멀리 뒷걸음질 쳤다.

"으악, 징그러워요. 귀엽다는 말은 취소예요."

"난 더 이상 매콤한 오징어볶음을 상상할 수가 없어. 이러다가 설마 우리가 저 대왕오징어의 먹이가 되는 건 아니겠죠?"

백근이 겁에 질린 목소리로 말했다.

오징어는 적을 압사하려는 듯 다리에 힘을 주어 노틸러스호를 꽉 조였다. 제아무리 노틸러스호라도 견디지 못하고 찌그러질 것 같았다.

네모 선장은 눈싸움이라도 하는 듯 대왕오징어를 쏘아보았다. 옐로우 큐가 선장의 눈치를 살피며 물었다.

"네모 선장님, 노틸러스호가 괜찮을까요?"

"옐로우 큐 선생, 지금 노틸러스호가 어디를 가는지 잊었소?"

노틸러스호는 세계에서 가장 깊은 바다인 마리아나 해구로 가고 있다. 수심 11,000m의 심해에서는 11,000t의 힘에 눌린다. 대왕오징어가 아무리 힘이 세도 심해의 압력과는 비교할 수 없다고, 네모 선장의 눈이 말하고 있었다.

잠수함이 계속 내려가 압력계는 6,000m를 가리켰다. 노틸러스호를 잡고 흔들던 대왕오징어도 더는 견디기 힘든지 기다란 다리를 메두사의 머리털처럼 풀고는 위로 쑥 올라갔다.

30분을 더 내려가자, 수심 10,000m의 심해에 도달했다.

"축하하오, 옐로우 큐 선생. 당신은 두 번째로 지구에서 가장 깊은 바다에 도착한 사람이 되었소."

"덕분입니다. 첫 번째는 네모 선장님이신가요?"

"저번에 말했던 아로낙스 박사 일행과 함께 왔었소."

옐로우 큐는 지구에서 가장 깊은 해저는 일반인이 절대로 접근

할 수 없는 곳이라며 이건 다시없는 기회라그 아이들에게 재차 말했다. 눈에 잘 새겨 둬야 한다는 당부도 잊지 않았다.

수심 11,000m의 깊고 깊은 심해에도 생물이 살고 있었다. 뼈만 남아 있는 물고기, 하얀 탁구공 같은 눈을 가진 가느다란 물고기, 지느러미를 발처럼 세우고 바위 위에 서 있는 물고기. 놀라운 모습에 그저 감탄하며 옐로우 큐가 말했다.

"저 물고기들이 살아가는 법은 제 머릿속에 있는 과학 이론으로는 설명하지 못하겠어요."

"옐로우 큐 선생, 심해를 그저 마음속에 담아 두시오."

"맞습니다. 그래야겠습니다. 하지만 저 놀라운 생물들의 생존 방식을 알면 자연 재해처럼 위험한 상황에서 인류에게 도움이 될 것 같아서 말이지요."

그때였다. 느리게 유영하던 해구의 생물들이 갑자기 빠르게 움직이기 시작했다. 분주한 움직임이 심상치 않았다.

"이게 무슨 일이죠, 선장님?"

네모 선장은 놀랐는지 눈이 커졌다. 창문 쪽으로 다가가 바다를 살폈다. 당황한 얼굴이었다.

"글쎄, 지금으로서는 짐작하기 어렵소. 해저 괴물 전설의 메가로돈이 나타났을지도 모르죠.'

메가로돈은 크기가 20m쯤 되는 초대형 어류로, 공룡처럼 화석으로만 존재한다.

"연골어강 악상어목으로 신생대 마이오세에 나타나 플라이오세 말기인 160만 년 전에 멸종한 메가로돈요?"

"옐로우 큐 선생, 모든 걸 이론으로 설명하려고 하지 마시오. 선생이 알고 있는 바다는 전체의 1% 정도에 불과할 뿐이오."

해구는 육지의 계곡처럼 바닷속 깊이 들어간 부분이다. 지금 노틸러스호는 깊고 깊은 바닷속 계곡 안으로 들어온 상태다. 잠수함 양쪽으로 절벽이 높이 서 있었다.

그때, 절벽 위에서 돌과 바위가 굴러떨어졌다.

"선생님, 바위가 떨어져요."

동해가 다급한 목소리로 외쳤다.

불행 중 다행으로 바닷속이라 바위가 떨어지는 속도는 빠르지 않았다. 옐로우 큐는 이제야 어떤 상황이 벌어진 건지 알겠다는 표정이었다.

"이런, 해저 지진이에요! 동물들이 먼저 위험을 감지하고 도망친 겁니다."

"하, 비상이군요. 어디든 꽉 잡으시오!"

네모 선장은 이 말을 남기고 조종실로 뛰어 나갔다. 옐로우 큐가 아이들에게 벽에 기대어 서로의 손을 잡으라고 했다.

잠시 후 "윙!"하고 스크루가 돌아가면서 잠수함 물탱크의 물이 빠져나가는 소리가 들렸다. 잠수함은 이내 하늘로 치고 올라가는 놀이기구처럼 위로 솟구치기 시작했다. 롤러코스터를 탈 때처럼 속이 울렁거렸다. 절벽에서 떨어지는 돌들이 노틸러스호를 쿵쿵 때리며 지나갔다. 그러다 거대 바위와 부딪히기라도 하면 잠수함이 두 토막 날지도 몰랐다. 옐로우 큐는 인상을 쓰면서도 이 원리를 설명하겠다는 의지를 불태웠다.

"대류에 따라 움직이는 돈과 판의 경계에선 항상 마찰이 일어나지. 그렇게 축적된 에너지가 한꺼번에 폭발하면 지진이 일어나는 거야. 그래서 태평양판 주변으로 지진이 자주 발생한단다. 그곳을 '환태평양 조산대'라고 해. '불의 고리'라고도 하지. 해저에서 일어난 지진은······, 으아악!"

"선생님, 이런 위기의 순간에도 과학 설명을 들어야 하나요?"

서연이 이를 악물며 소리쳤다.

"으으, 그냥 생각이 나서."

"해저 지진 이야기는 살아서 해 주세욧."

옐로우의 수업노트 05 : 지진은 왜 일어날까?

초4-2 화산과 지진 / 중1 지권의 변화

우리는 지구의 지각인 판에 대해서 배웠어.
판은 지진과 밀접한 관련이 있단다.

지진은 왜 일어날까?

지진은 판의 경계에서 잘 일어나.

이웃 나라 일본은 지진이 자주 일어나잖아.

일본 땅이 판과 가깝다는 걸 알 수 있지.

1. 해저 지진과 해일은 왜 일어날까?

해저에서 지진이 발생하면 '해일'이 일어날 수 있어. 지진의 충격이 바닷물에 전달되어 파동으로 밀려오다가 해안 근처에서 갑자기 커져서 큰 피해를 입히지. 지진은 왜 일어날까? 지각 아래의 판은 맨틀이 흐르면서 조금씩 움직이는데, 판과 판의 경계에서 마찰이 일어난단다. 이때 발생하는 에너지가 오랜 기간 쌓여 있다가 더 이상 버티지 못하고 갑작스럽게 방출되서 지표가 크게 흔들리는 현상이 '지진'이야.

2. 환태평양 조산대

과학자인 구텐베르그와 리히터는 전 세계에서 지진이 발생하는 위치를 파악했어. 그 결과 지진이 특정 지역에서만 발생한다는 것을 알아냈지. 예를 들어 그림에서 보는 것과 같이 태평양 주변 판의 경계에서 지진과 화산이 일어난다는 것을 알 수 있었어 태평양판 주변의 화산과 지진이 많이 일어나는 지역을 묶어 '환태평양 조산대'라고 해. 일본과 우리나라는 같은 환태평양 조산대지만, 일본은 지진이 발생하는 해구에 더 가깝기 때문에 우리나라보다 더 자주 지진이 일어나는 거야.

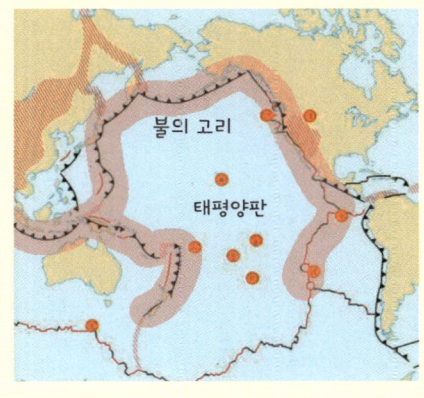

3. 지진파로 알아낸 지구의 구조

지진이 발생하면 파동으로 에너지가 전달된단다. 이를 '지진파'라고 해. 지진파에는 P파와 S파가 있어. P파는 속도가 빨라서 먼저 도착하고, S파는 뒤에 도착한단다. 두 지진파는 다른 성질을 가지고 있어. 통과할 수 있는 물질도 달라서 지진파의 움직임을 통해 지구 내부가 어떤 물질로 이루어졌는지 밝혀낼 수 있었어.

	P파	S파
형태	종파	횡파
속도	약 7km/s	약 4km/s
통과 물질	기체, 액체, 고체	고체
모양		

6
감동의 빵나무

해저 지진을 뚫고 노틸러스호가 무사히 돌아왔다. 노틸러스호에 대한 네모 선장의 자부심은 해저 지진 사건 이후로 더욱 커졌다.

항해를 시작한 지 한 달쯤 지난 어느 날이었다. 아침에 눈 뜬 서연은 상쾌한 공기를 느꼈다. 잠수함은 주기적으로 공기를 교환하기 위해 바다 위로 올라가야 한다고 들었는대 바로 그날이었다. 옐로우 큐와 동해, 백근은 벌써 잠수함 갑판 위로 올라간 것 같았다.

서연이 복도로 나와보니 선원들이 분주하게 뛰어다니고 분위기가 어수선했다. 저 멀리서 네모 선장이 심각한 얼굴로 부하들에게 무언가를 지시하고 있었다.

서연은 철제 계단을 올라가서 해치를 열고 갑판으로 나갔다.

옐로우 큐와 백근, 동해가 있었다. 동해와 백근이 신선한 공기로 몸속을 채우려는 듯 깊게 숨을 쉬고 있었다.

잠수함은 평소처럼 물에 떠 있었는데 잠수함 주변으로 검은 암초들이 띄엄띄엄 있었다. 아무래도 좌초된 것 같았다.

"옐로우 큐 선생님, 이게 어떻게 된 일이죠?"

"보는 바와 같이 노틸러스호가 해안 가까이 왔다가 암초에 걸렸다네. 그 바람에 오도 가도 못하게 되었어."

잠수함이 기우뚱하더니 기울어진 채 멈추었다.

"물이 들어와야 암초에서 풀려나겠군요?"

"그렇지. 선장 말로는 한 3일 정도는 여기 있어야 한다는구나."

"3일씩이나요? 그럼, 뭔가 큰일이 난 거 아닌가요?"

서연의 질문에 옐로우 큐는 잘 모르겠다는 표정을 지었다.

"네모 선장이 사소한 문제라고 했으니까, 너무 걱정하지 말자."

"그런데 너희 밀물과 썰물이 왜 생기는지는 알고 있니?"

옐로우 큐의 갑작스러운 질문에 서연은 올 것이 왔다는 얼굴을 했다. 백근이 손을 번쩍 들었다.

"당근이죠. 달이 지구를 잡아당기는 힘에 물이 끌려가면서 밀물이 되는 거라고 배웠습니다."

옐로우 큐가 검지를 들어 좌우로 흔들었다.

"오백근 학생의 대답은 50 퍼센트만 정답입니다."

"잉? 왜죠, 선생님?"

"달의 인력 때문에 달과 가까운 쪽 바다가 밀물이 되는 건 맞아. 그런데 지구는 하루에 한 바퀴 자전하잖니? 그럼 같은 곳에서 밀물은 하루 한 번만 일어나야 하지 않을까?"

"하지만 밀물은 하루 두 번 일어나잖아요."

서연은 과학책에서 읽은 밀물과 썰물의 원리를 기억해 내려고 했지만 잘 떠오르지 않았다.

"그렇지, 서연 학생이 있는 곳이 밀물이 되었을 때, 지구 반대편 바다도 밀물이 된단다."

서연이 정답을 찾으려 애쓰는 사이에 동해가 먼저 물었다.

"그러게요. 밀물과 썰물은 6시간 주기로 바껴요. 그런데 왜 하루 두 번씩 밀물과 썰물이 되는 거죠?"

"그건 지구 자전에 따른 원심력이 작용하기 때문이야. '원심력'이란 원운동을 하는 물체가 중심 밖으로 탈출하려는 힘이야. 지구가 자전하면 원심력을 받은 물이 바깥쪽으로 나가려고 하지. 그러니까 한 번은 달의 인력 때문에, 또 한 번은 지구의 원심력 때문에 하루 두 번의 밀물과 썰물이 만들어지는 거야."

어렴풋이 이해할 수 있을 것 같았다.

"선생님, 근데 왜 네모 선장님은 3일을 기다려야 한다고 했죠? 6시간 후 다시 밀물이 되면 갈 수 있는 거 아니에요?"

백근이 볼멘소리로 물었다.

"좋아. 내가 본격적으로 설명해 주지."

서연은 바다 멀리 눈을 돌렸다. 거기에는 녹음이 짙은 섬이 있었다. 어쩌면 탈출할 수 있을 것 같았다. 서연은 설명을 시작하려는 옐로우 큐의 말을 재빨리 끊었다.

"선생님, 저기 육지예요!"

"그래, 안다. 네모 선장이 굴리핀의 수많은 섬 중 하나라고 하더구나."

"소설 속이라면 저 섬에는 원주민이 살고 있을 거야."

동해의 말이 서연의 마음속에 밝은 희망을 불러왔다. 육지에 상륙한다면 탈출 방법이 생길 것 같았다.

서연은 옐로우 큐의 노란색 옷에 매달렸다.

"옐로우 큐 선생님, 제 소원이에요. 우리 저기로 가요. 죽은 사람 소원도 들어준다는데 산 사람 소원을 못 들어주시나요?"

"하지만 네모 선장은 우리가 잠수함에 있어야 한다고 했잖아. 허락하지 않을 거야."

그러자 백근이 입을 열었다.

"저도 서연이와 생각이 같아요. 여기서 3일이나 있어야 한다면서요. 섬에 가서 신선한 과일을 찾아봐요. 열대 지방이니까 바나나와 파인애플 같은 게 있을 거예요."

목적은 달랐지만, 백근이 같은 의견을 말해 줘서 서연은 힘이 났다. 동해 쪽을 돌아보았다.

"천동해, 넌 어때? 너도 육지로 가고 싶지?"

"나도 좋아."

동해가 짧게 대답했다.

"선생님 3대 1이에요. 이제 네모 선장에게 가세요. 그리고 우리의 요구를 전달해 주세요."

"너희 생각이 그렇다면 말해 보겠지만, 허락하지 않을 거야. 너무 기대하지는 마."

옐로우 큐의 예상과는 달리 네모 선장은 아이들의 요구를 흔쾌히 허락했다. 선장은 오히려 옐로우 큐 일행을 걱정하며 당부했다.

"섬에서 어떤 위험한 일이 일어날지 모르오. 딴마음은 먹지 않는 게 좋을 거요."

이튿날 아침, 네모 선장은 선원을 시켜 잠수함에 있는 보트를 풀어서 바다에 내려 주었고, 도끼와 나침반을 하나씩 챙겨 주었다. 정글에서 길을 잃을까 봐 걱정하는 마음이 느껴졌다.

"네모 선장님, 감사합니다. 좋은 식재료를 찾아오겠습니다."

네모 선장은 평소처럼 말없이 손을 올려 경례를 붙이고는 해치를 통해 잠수함 안으로 사라졌다.

옐로우 큐는 천천히 노를 저었다. 보트가 가벼워서 적은 힘으로도 속력이 붙었다. 곳곳에 암초가 있었지만, 요리조리 잘 피했다.

"선생님, 운전 잘하시네요."

백근이 감탄했다.

"작용과 반작용. 보트의 노가 물을 밀 때, 물 또한 노를 밀어서 배가 앞으로 나가는 원리지."

서연이 진지한 얼굴로 말했다.

"선생님, 한 달 만에 육지를 밟는 감동의 순간이 오고 있어요. 과학 강의는 생략해 주시죠."

보트가 모래사장에 무사히 상륙했다. 서연은 얕은 물이 되었을 때 제일 먼저 뛰어내려 첨벙거리며 모래밭으로 내달렸다. 얼마 만에 밟아 보는 땅이란 말인가? 발가락 사이로 스며 들어오는 따뜻한 모래에 입이라도 맞추고 싶은 심정이었다. 땅을 밟고 있는 것이 이렇게 감동을 주는 일인지 처음 알았다. 아예 모래에 벌렁 누워 가슴속에서 나오는 대로 소리쳤다.

"드디어 육지다! 우리는 살았다!"

동해와 백근도 기뻐하며 서로 어깨를 걸고 이리저리 뛰어다녔다. 옐로우 큐는 그런 아이들을 흐뭇한 표정으로 보다가 보트를 끌어서 모래밭에 올리고는 파도에 쓸려가지 않도록 밧줄로 야자나무에 단단히 묶어 고정했다. 동해와 백근도 옐로우 큐를 도왔다.

섬은 원시 시대의 풍경을 그대로 보여 주었다. 넓고 하얀 모래밭에는 코코넛 열매가 잔뜩 달린 야자수가 있었고, 모래밭이 끝나는 부분부터는 울창한 숲이 펼쳐졌다.

"애들아, 목마르지? 코코넛 따 먹자."

백근이 손가락으로 야자수를 가리켰다. 코코넛 따기는 날쌘돌이 동해가 맡았다. 몸이 가벼운 동해가 도끼를 들고 나무 위에 올라 코코넛 열매를 살살 쳐서 땅에 떨어뜨렸다. 백근은 떨어진 코코넛 열매의 위쪽을 도끼로 쳐서 열었다. 열매 안에 뽀얀 액체가 가득했다. 천연 코코넛 주스였다. 일행은 누가 먼저랄 것도 없이 벌컥벌컥 코코넛 주스를 마셨다. 달콤한 육지의 과즙이 혀와 목구멍을 지나 장을 타고 내려가는 것이 낱낱이 느껴졌다.

백근은 주스를 다 마시고 코코넛 과육을 이빨로 긁어 먹었다. 다른 사람들도 백근을 따라서 과육을 이빨로 긁어 댔다.

"동남아 여행 때는 물만 마셨는데, 과육도 정말 맛있어."

백근의 말에 서연이 "맞아, 맞아!" 하고 맞장구를 쳤다.

백근이 다 먹은 코코넛을 바닥에 버리면서 말했다.

"옐로우 큐 선생님, 코코넛을 따서 잔뜩 싣고 가요. 해산물과 곁들여 먹으면 꿀맛일 거예요."

"백근 학생, 흥분하지 말게. 바나나와 파인애플은 잊었나?"

"아, 그렇죠? 선생님, 어서 숲으로 들어가시죠."

옐로우 큐가 앞장서서 숲으로 들어섰다. 숲은 거대한 나무들로 빽빽했다. 뱀처럼 바닥을 기어가던 덩굴식물들이 나무를 휘감아 올라가고 있었다. 땅에는 이름도 알 수 없는 수많은 풀이 있었는데 어떤 것들은 고사리 같은 양치식물로 보였다. 처음 보는 화려한 색상의 꽃과 다양한 모양의 잎을 가진 풀들이 일행의 시선을 사로잡았다. 오래된 나무가 피톤치드를 내뿜어서 머리가 맑아졌다. 숲에 이는 바람 소리와 새들의 다채로운 울음소리가 어우러져서 마치 오케스트라 연주를 듣는 것 같았다.

"선생님, 앵무새예요."

동해가 나무 위에 앉아 있는 커다란 앵무새를 발견했다. 무지개색 깃털을 가진 화려한 모습이었다.

"금강앵무새 조류 앵무목 앵무과. 참으로 아름답구나."

"선생님, 우리는 식량을 구하러 왔다고요."

"알았다, 백근아. 하지만 얼마나 아름다운 생물들이니?"

숲속으로 더 걸어 들어가니 식량이 될 만한 것들이 보였다. 먹을 것을 찾는 백근의 능력은 정말 놀라웠다. 백근과 동해가 환상의 호흡을 보여 주었다. 백근이 "저기 바나나다.", "망고다.", "파인애플이다."라고 외칠 때마다 동해가 나무 위로 올라가서 능숙하게 열매를 땄다. 둘은 보트에 수북이 담을 만큼 과일을 모았다.

"이건 모두 디저트야. 아쉬워."

"그러게, 밥이나 빵 같은 탄수화물을 먹고 싶다. 소설에서는 빵나무 열매를 구워 먹는데 말이야. 어떻게 생겼는지 모르겠어."

동해의 말에 옐로우 큐가 재빨리 읊었다.

"속씨식물문 쌍떡잎식물강 쐐기풀목 뽕나무과 빵나무. 동해 학생, 빵나무는 지천으로 널렸어."

"네? 어디요?"

옐로우 큐는 바로 옆의 나무를 가리켰다. 나뭇잎이 손가락처럼 갈라져 있었고, 군데군데 표주박처럼 둥근 열매가 주렁주렁 매달려 있었다. 겉보기에는 익지 않은 열매처럼 보였다. 빵나무 열매는 녹말이 많아서 구워 먹으면 별미라고 했다.

"선생님은 이 나무가 귀중한 식량이란 건 몰랐나요?"

"서연 학생, 난 분류 체계만 알았지, 생존 나무인 줄은 몰랐네."

"음, 선생님의 과학 지식은 실전에 약하네요."

동해는 열매를 따 와서 도끼로 반을 갈랐다. 잘려진 열매의 안쪽에 하얀 과육이 가득했다.

"선생님, 불이 있으면 좋겠어요."

옐로우 큐가 바지 주머니에서 휴대용 라이터를 꺼냈다. 동해는 소설에서 읽은 대로 잔가지를 모아 모닥불을 피우고 그 위에 열매를 올렸다. 곧 열매가 까맣게 탔다. 동해는 나뭇가지로 열매를 꺼내어 조심스럽게는 반을 갈랐다. 새까맣게 탄 열매의 속은 하얗고 말랑말랑했다. 김이 모락모락 났고 냄새가 구수했다.

동해는 먼저 옐로우 큐에게 건넨 다음, 두 번째 빵나무는 서연에게 주었다. 백근이 황홀한 표정으로 빵나무를 씹으며 말했다.

"선생님, 이 빵나무 열매를 따서 보트 가득 실어요. 네모 선장님도 분명히 좋아하실 거예요."

"그러자꾸나. 찬성이다."

서연은 빵나무 열매가 맛있었다. 늘 먹던 탄수화물이 이렇게 귀한 것이라니 새삼스러웠다. 선생님과 친구들이 복닥거리면서 빵나무를 먹는 걸 바라보고 있으니 서연은 미소가 지어졌다.

서연은 먹보 백근과 외톨이 동해가 자신과는 어울리지 않는 아이들이라고 생각했었다. 늘 최고가 되고 싶은 바람은 자기도 모르게 친구들을 무시하는 마음이 되었다.

백근은 먹는 것을 과하게 좋아하지만, 긍정적인 마음과 친화력으로 노틸러스호의 요리사들과 금세 친해졌다. 서연의 구박에도 늘 웃는 얼굴로 대해 주는 마음씨 좋은 친구다.

동해는 내성적이지만, 책을 많이 읽은 상식이 풍부한 아이다. 뾰족하게 구는 서연에게 빵나무 열매를 챙겨 주고, 자신은 맨 마지막에 먹는 천성이 착한 아이다.

옐로우 큐는 너무 길게 과학을 설명하지만, 가르침과 배움에 열정적이고 권위를 내세우지 않는 좋은 선생님이다. 세 사람을

보고 있으니 괜히 눈물이 핑 돌았다.

동해가 새로 구운 빵나무 열매를 또 서연에게 건넸다.

"히말라야 소금을 뿌린 빵나무도 먹어 봐. 진짜 맛있어."

서연은 눈물이 쏟아질까 봐 애써 웃으며 목소리를 높였다.

"아, 다이어트 해야 하는데, 하나만 더 먹어야겠다!"

"언제 또 먹을지 모르니 많이 먹어 둬."

동해가 서연을 보며 씩 웃었다.

옐로우의 수업노트 06 : 밀물과 썰물, 그 힘의 정체

초6-1 지구와 달의 운동 / 중2 태양계

네모 선장은 물이 가장 높은 때인 '사리'를 기다렸다가 노틸러스호를 암초에서 벗어나게 했어.

밀물과 썰물, 그 힘의 정체

1. 친환경 에너지, 조력 발전

바다에는 밀물, 썰물의 조수가 있어. 심한 곳은 하루에 10m 이상 바닷물 높이가 변하기도 해. 이처럼 조수 간만의 차이를 이용해서 '조력 발전'을 할 수 있어. 우리나라의 서해에도 조수 간만의 차를 이용하는 조력 발전소가 있단다. 시화호 조력 발전으로 하루 50만 명에게 254,000kW의 전기를 공급할 수 있어. 게다가 조력 발전으로 생산된 전기에너지는 이산화탄소 등의 오염 물질을 배출하지 않는 친환경 에너지야. 미래 에너지로 기대해도 되겠지?

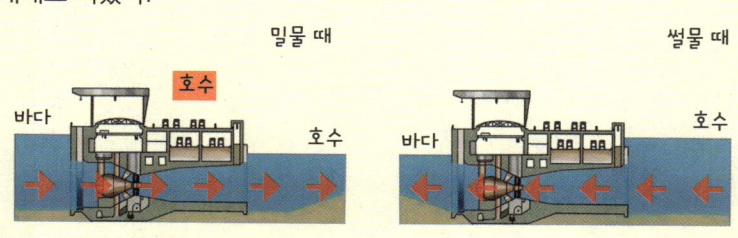

밀물 때 발전기를 돌려 에너지를 얻는다.

2. 조력 발전을 일으키는 조석 현상

바닷가에서는 6시간을 간격으로 바닷물이 빠져나가고 밀려들어 온단다. 같은 바다에서 밀물과 썰물이 각각 하루에 두 번씩 일어나지. 밀물과 썰물에 의해 바닷물의 높이가 주기적으로 오르내리는 현상을 '조석'이라 하고, 이 조석 현상에 의해 하루 중 해수면이 가장 높을 때를 '만조', 해수면이 가장 낮을 때를 '간조'라고 해. 그렇다면 만조와 간조가 일어나는 이유는 무엇일까?

썰물

밀물

3. 달이 잡아당겨서 생기는 만조

질량이 있는 모든 물체끼리 잡아당기는 힘, '만유인력'이 있다는 사실 기억하지? 달에도 만유인력이 작용해서 지구를 당겨. 이때 딱딱한 땅은 끌려가지 않지만 액체인 바닷물은 이 힘에 당겨져서 조석 현상이 생기는 거야. 지구는 하루에 한 번 자전하잖아? 그럼, 한 지역의 바닷물은 하루 한 번만 당겨져야 하잖아? 그런데 왜 만조는 하루 두 번 일어날까?

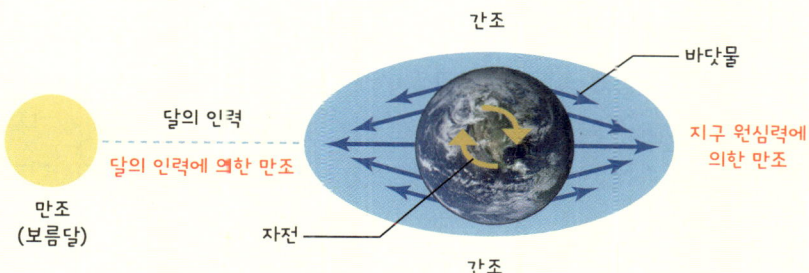

4. 지구 자전 원심력에 의한 만조

그림을 보자. 지구에서 만조가 일어나는 곳은 달과 가까워진 A지점이야. 하지만 동시에 지구 반대편에서도 만조가 일어나고 있단다. 이것은 지구 자전에 의한 '원심력' 때문이야. 원심력이란 원운동을 하는 물체가 중심 밖으로 튕겨 나가려는 힘이야. 지구 자전에 따른 원심력이 작용해서 달의 만유인력이 영향을 못 미치는 지구 반대쪽도 만조가 되는 거란다.

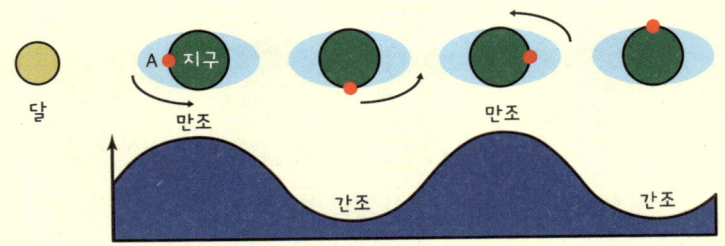

지구에 자전에 따른 조석간만

5. 밀물일 때라도 물의 높이는 다르다고?

거리가 멀어도 태양의 만유인력은 조석 현상에 영향을 미쳐. 태양과 달, 지구가 일직선이 되는 보름과 그믐에는 만유인력의 합력이 커지지. 밀물과 썰물의 물 높이의 차가 가장 큰 이 시기를 '사리'라고 해. 반대로 상현달과 하현달에는 태양을 중심으로 달과 지구가 수직이 되어서 만유인력의 합력이 가장 작아져. 이때를 '조금'이라고 해. 밀물, 썰물의 물 높이의 차이가 가장 작아지는 때야. 네모 선장은 밀물이 가장 높은 때인 사리 날을 기다렸다가 암초에 걸린 노틸러스호를 구한 거야.

달은 왜 모양이 변할까?

달은 지구를 공전하고, 지구는 태양을 공전해. 그래서 태양과 지구, 달의 상대적 위치가 시시각각 변해. 달이 스스로 빛을 낼 수 없음에도 빛이 나는 이유는 태양 빛을 받아서 그것을 반사하기 때문이야. 달의 모양은 초승달부터 상현달, 보름달, 하현달, 그믐달 순서로 변하는데, 이는 지구에서 보는 달의 위치이기도 해.

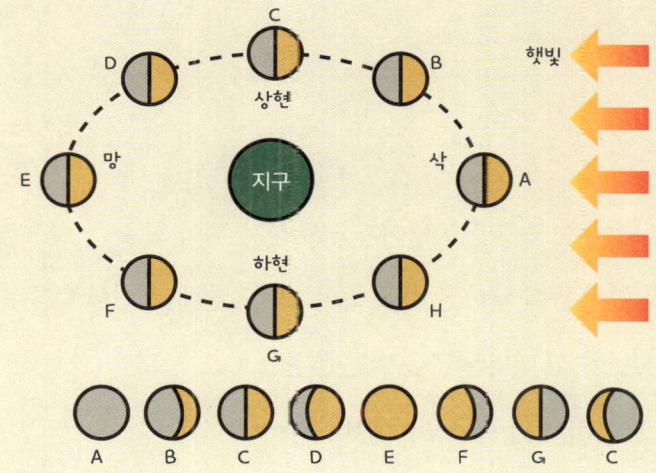

지구-달-태양 순서대로 배열되면 지구에서 볼 때, A위치의 달처럼 달의 뒷면만 태양 빛을 받아 빛나게 돼. 그래서 달이 보이지 않는 '삭'이 되지. 반면 달-지구-태양 순서대로 배열되면 E위치의 달처럼 달의 앞면 전체가 태양 빛을 받아 빛나. 지구에서 보는 모습은 '망(보름달)'이 되지. 달이 C의 위치에 있으면 지구에서 오른쪽 반만 빛나게 되어 마치 알파벳 D자처럼 보이는데, 이를 '상현달'이라고 하고, 왼쪽 반만 비추는 G위치에서는 '하현달'이라고 해.

7
원주민에게 생포되다

탁! 날아온 조그만 돌멩이가 모닥불로 튀어 불꽃을 일으켰다. 옐로우 큐가 돌이 날아온 쪽을 돌아보기도 전에, 서연이 덤불 속에 숨어 있던 수십 명의 얼굴을 발견했다.

"선생님, 저기 뭐, 원주민이에요!"

서연이 알아채자, 원주민들이 천천히 일어섰다. 그들은 활과 새총으로 무장하고 있었다.

"얘들아, 어서 보트로 가자."

옐로우 큐와 아이들이 서둘러 도망치기 시작했다. 서연은 원주민들이 따라오는지 뒤를 돌아봤다. 아주 잠깐이었는데, 그사이 앞서던 옐로우 큐와 친구들을 놓치고 말았다. 키보다 큰 풀숲 때문에 어느 쪽이 해변이고 어느 쪽이 왔던 길인지 알 수 없었다.

멀지 않은 곳에서 원주민이 덤불을 헤치며 자기들 말로 떠들고 있었다. 서연은 풀숲에 납작 엎드렸다. 구해 달라고 소리쳐봤자 더 위험해질 뿐이다. 뺨을 타고 눈물이 흘러내렸다.

잠시 후, 바로 옆 풀숲에서 뭔가가 움직였다. 원주민일까? 혹시 호랑이? 그것은 점점 다가왔다. 서연의 무릎이 바들바들 떨렸고, 이빨이 딱딱 소리를 내며 부딪혔다.

'꿈이라면 좋겠어. 제발, 깨어났으면 좋겠어.'

서연은 체념한 듯 눈을 질끈 감았다.

"여기 있었구나, 서연아."

깜짝 놀라 고개를 들자, 동해가 서 있었다. 서연은 너무나 반가운 마음에 동해를 와락 안았다. 동해는 서연을 잡아 몸을 낮추고 낮은 목소리로 말했다.

"선생님과 백근이는 먼저 보트로 갔어."

"찾으러 와 줘서 고마워. 나 너에게 못되게 굴었는데……."

"우린 친구잖아. 이러고 있을 때가 아니야. 빨리 보트로 가자."

동해가 앞장서 걸어갔다. 원주민들이 돌아갔는지 주변이 조용했다. 서연은 휴, 하면서 가슴을 쓸어내렸다.

저만치 바닷가 야자나무에 매어 둔 보트가 보였다. 동해와 서연이 달리기 시작했다. 위기는 끝났다. 보트에 가면 옐로우 큐와 백근이 기다리고 있을 것이다. 노틸러스호까지는 금방이다.

그때 서연의 몸이 하늘로 붕 떠올랐다. 풀숲에 숨어 있던 원주민들이 괴성을 지르며 뛰쳐나왔다. 원주민이 미리 쳐 둔 그물에 서연이 낚인 것이다. 동해가 돌멩이를 집어 들었지만, 원주민이 휘두른 몽둥이에 머리를 맞고 모래밭에 푹 쓰러졌다.

정신을 잃었던 동해가 눈을 떴다. 서연은 걱정스레 바라보았다.

"동해 학생, 괜찮은 거니? 우리 다 잡혔어. 원주민이 보트에 숨어서 우릴 기다리고 있었다네."

옐로우 큐가 한숨을 푹 내쉬며 말했다. 원주민 무리는 옐로우 큐와 아이들을 꽁꽁 묶어서 모래밭에 앉혀 놓고 주변을 둥글게 에워쌌다. 그들은 모두 검은색 피부에 다부진 몸을 하고 있었다. 몸 곳곳에는 알록달록한 색칠이 되어 있었다.

"선생님, 우리는 이제 어떻게 될까요?"

늘 웃는 얼굴이던 백근 조차 지금은 울상이었다.

"네모 선장이 구하러 오지 않을까?"

옐로우 큐가 말했다.

"글쎄요. 만조로 물이 차오르면 암초에서 벗어난 노틸러스호가 우리를 두고 바닷속으로 사라지겠지요."

서연이 고개를 가로저으며 말했다.

잠시 후 원주민은 웅성거리며 한쪽으로 길을 열었다. 그 사이로 사람 셋이 걸어왔다. 그들은 새의 깃털로 엮은 화려한 모자를 썼고, 빨갛고 하얀 유리구슬 목걸이와 장신구를 몸에 감고 있었다. 가장 화려한 모자를 쓰고 가운데 서 있는 자가 우두머리인 것 같았다. 그 옆에 선 한 사람은 늙은 사람이었고, 다른 쪽에 선 사람은 젊고 덩치가 컸다. 젊은 쪽이 지팡이로 바닥을 세 번 두드리자, 원주민들이 조용해졌다. 우두머리 추장이 창을 높이 들고는 크게 고함을 쳤다.

동해가 벌떡 일어나며 소리쳤다.

"싸키핀 모 아코(Sagipin mo ako 살려 줘요)."

옐로우 큐와 서연, 백근이 놀란 눈으로 동해를 보았다. 놀란 건 원주민들과 추장들도 마찬가지였다. 주변이 다시 웅성거리기 시작했다. 우두머리 추장이 창을 바닥에 탁탁 내리꽂자, 원주민 무리가 다시 조용해졌다.

"시노 카(Sino ka 넌 누구냐)?"

"동해야, 저들의 말을 할 줄 아는 거니? 도대체 뭐라는 거니?"

"이곳이 필리핀의 섬이라고 했잖아요. 제가 살던 바다 마을에 필리핀 아줌마들이 계셨어요. 타갈로그어를 조금 알아들을 수 있어

요. '누구냐?'라는 말만 알아들었어요."

"그럼 설명해. 저들한테. 우리가 누군지 말야."

옐로우 큐가 재촉했다.

"그렇게 긴 말은 못 해요."

"저들이 경계하고 있잖아. 우리가 '착한 사람'이라고 말해 봐."

동해는 손짓으로 일행을 가리키면서 말했다.

"마파잇 타오(mabait tao 착한 사람)."

옐로우 큐와 아이들도 '마파잇 타오'를 외쳐 댔다.

세 명이 머리를 맞대고 의논하더니 추장이 입을 열었다.

"파투나이(patunay 증명)."

동해가 추장의 말을 일행에게 전달했다.

"우리가 착한 사람이라는 것을 증명하라는 것 같아요."

"선물을 주는 게 어떨까?"

서연의 제안에 동해가 고개를 끄덕였다.

"좋은 생각이야. 선생님, 라이터 가지고 있죠?"

옐로우 큐가 주머니에서 라이터를 꺼냈다. 동해는 라이터를 받아서 머리 위로 들고 불을 켰다.

"아포이(apoy 불), 레갈로(regalo 선물)."

원주민들이 신기한지 웅성거렸다. 우두머리 추장이 손짓하자,

일행의 곁을 지키던 전사가 라이터를 받아서 추장에게 전달했다. 우두머리 추장은 라이터의 불을 켜 보았다. 싫지 않은 눈치였지만, 100% 만족한 것 같지는 않았다.

이번에는 늙은 추장이 옐로우 큐의 얼굴을 가리키며 손으로 안경 모양을 만들었다. 전사가 얼른 옐로우 큐의 노란 안경을 벗겨 그에게 가져다주었다. 안경을 쓴 추장의 얼굴이 금세 밝아졌다.

"선생님, 안경이 혹시 볼록 렌즈인가요?"

"그래. 난 선천적으로 원시가 있어."

"저쪽 추장은 나이가 꽤 있어 보이니 아마 원시일 거예요. 선생님 안경을 끼고 잘 보이니까 좋아하는 것 같아요."

"오, 그럼 어서 선물이라고 말하자. 난 예비 안경이 또 있거든."

옐로우 큐가 '레갈로'를 외쳤다. 늙은 추장은 함박웃음을 지었다. 이번에는 백근이 양념 가방에서 꿀과 설탕을 꺼냈다.

"좋아. 이제 내 차례야. 동해야, '맛있다'는 뭐라고 말하지?"

"아마도 '마사랍(masarap)'일 거야."

백근은 '마사랍'을 크게 외치면서 설탕 병 주는 시늉을 했다. 이번에는 젊고 덩치가 큰 추장이 손짓했고, 전사가 백근의 병을 받아 전했다. 젊은 추장은 병 속에 든 가루를 손가락으로 찍어 먹어 보더니 활짝 웃으며 소리쳤다.

"커이비건(kaibigan 친구)."

"백근아, 성공이야! 너에게 친구래."

하지만 가운데 우두머리 추장은 기뻐하지 않았다. 이제 줄 것도 없는데 큰일이었다. 그는 옐로우 큐를 손가락으로 가리켰다.

"딜라우 다밋(dilaw damit 노란색 옷)."

"선생님의 노란색 옷을 가리키는 것 같아요."

"도대체 왜 나만 가지고 그러는 거야?"

옐로우 큐가 인상을 찌푸렸다.

"그러지 말고 선생님, 어서 옷과 모자를 벗어 주세요."

아이들이 성화했다. 전사 두 명이 다가와 옐로우 큐의 옷을 벗겼다. 옐로우 큐는 순식간에 속옷 차림이 되었다.

가운데 우두머리 추장이 옐로우 큐의 노란색 옷을 입고 노란색 중절모를 썼다. 그러자 원주민들이 환호성을 질렀다.

우두머리 추장은 더욱 특별해 보이는 자기 모습에 만족했는지 미소를 지었다. 처음부터 옐로우 큐의 노란색 옷이 탐났던 것이다. 그는 손가락으로 옐로우 큐 일행을 가리키며 크게 외쳤다.

"마파잇 타오(mabait tao 착한 사람)."

원주민들도 추장을 따라 '마파잇 타오'를 연달아 외쳤다.

동해는 긴장해서 흘린 땀을 닦으며 옐로우 큐에게 말했다.

"선생님의 노란색 옷 때문에 살았네요."

"필리핀 말을 알아들은 동해 덕분에 살았지. 그나저나 내 위신은 땅에 떨어졌구나."

"이제부터는 벌거벗은 큐 어때요?"

백근이 말에 모두가 배꼽을 잡고 웃었다.

원주민들은 그날 밤늦도록 친구를 맞이하는 축제를 벌였다. 백근은 쉴 새 없이 "고기, 고기!" 외치면서 멧돼지 구이를 뜯어 먹었다. 서연과 동해는 원주민 아이들과 춤을 추었다. 다행히 셔츠와 바지를 돌려받은 옐로우 큐는 나이 든 추장에게 손짓, 발짓으로 안경의 과학 원리를 설명해 주었다.

서연은 원주민과의 만남이 좋은 결말로 끝나서 다행이라고 생각했다. 노틸러스호에서 탈출할 수 있다는 희망이 사라졌지만, 지금은 잠수함으로 돌아갈 수 있게 된 것만으로도 안심이 되었다. 여기에까지 생각이 이르자, 서연은 고개를 가로저었다. 동해의 말처럼 세계의 온 바다를 다 돌아야 끝이 날까? 그러고 나면 집으로 돌아갈 수 있는 걸까? 모험은 언제까지 계속될까?

서연이 생각에 잠겨 있는 사이, 옐로우 큐의 셔츠에 붙어 있는 Q 배지가 모닥불 빛에 반사돼 반짝거렸다.

옐로우의 수업노트 07 : 빛과 렌즈

초6-1 빛과 렌즈 / 중1 빛과 파동

볼록 렌즈로 불을 붙일 수 있는건 빛의 굴절 때문이야.
빛의 성질과 활용에 대해 알아보자.

빛과 렌즈

1. 빛의 성질

빛은 물리적인 상태의 변화가 차츰 둘레로 퍼져 나가는 일종의 '파동'이야. 빛은 기본적으로 직진하는 성질이지만, 유리나 물 같은 물질을 통과할 때는 굴절하지. 빛의 성질에 어떤 것이 있는지 살펴볼까?

빛의 직진 빛은 앞으로 곧게 가는 성질이 있어. 그래서 물체에 막히면 통하지 못해. 물체 뒤에는 빛이 도달하지 못하기 때문에 그림자가 생겨. 이 그림자를 이용하여 여러 가지 모양을 만드는 그림자 놀이를 할 수 있어.

빛의 굴절 빛은 물이나 유리의 경계면에서 직진하던 경로가 다른 방향으로 꺾이게 돼. 그래서 우리 눈에는 물체가 휘어져 보이지. 물컵에 넣은 빨대가 휘어져 보이고, 목욕탕에 들어갔을 때 내 몸이 떠올라 보이는 것도 빛의 굴절 때문이야.

빛의 반사 빛의 진행 방향이 바뀌는 것을 '반사'라고 해. 거울 같은 매끄러운 면에서는 모든 빛이 동일하게 반사되서 물체가 비쳐 보이는 거야.

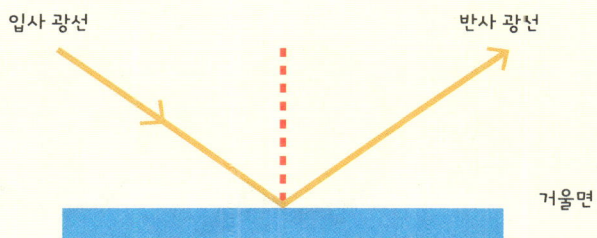

빛의 색 무지개를 보면 빛이 빨주노초파남보 색으로 되는 걸 볼 수 있어. 이는 빛이 공기 중의 물방울에 의해 여러 가지 색으로 나뉜 거야. 앞에서 빛이 '파동'이라고 했어. 이 파동의 거리를 '파장'이라고 하는데, 빛은 파장에 따라 색이 달라진단다.

2. 볼록 렌즈와 오목 렌즈

돋보기 같은 볼록 렌즈는 가운데 부분이 가장자리보다 두꺼운 유리라서 빛이 통과하면 굴절되면서 가운데로 모이게 돼. 즉, 볼록 렌즈는 빛을 한 곳에 모으는 성질이 있어. 물체가 초점 안에 있으면 크기를 확대하여 크게 보여 주지. 하지만 일정 거리가 넘어가면 상의 모양이 거꾸로 보이고 크기는 실제보다 작게 보여. 반대로 오목 렌즈는 렌즈의 가장자리 부분이 가운데보다 두꺼워. 빛이 통과하면 가장자리 쪽으로 꺾여 나가 퍼지게 돼. 오목 렌즈는 초점 안에 있는 물체의 크기를 작게 보여 주는 대신 시야를 더 넓게 보여 주지.

볼록 렌즈로 볼 때

오목 렌즈로 볼 때

3. 렌즈로 교정하는 시야

눈의 구조를 보면 볼록 렌즈 모양의 '수정체'가 있어. 수정체는 눈으로 들어온 빛을 모아서 시세포가 위치한 망막에 상이 맺히게 한단다. 하지만 눈의 이상으로 수정체의 두께를 조절하지 못하면 모여진 빛의 초점이 망막의 앞쪽에 맺히거나 뒤에 가 맺히기 때문에 사물을 정확히 볼 수 없게 돼. 이때 렌즈로 안경을 만들어서 우리 눈의 이상 시력을 교정할 수 있지. 렌즈는 망원경과 현미경에 사용되어 먼 곳을 보거나 세균 같은 작은 생물을 관찰할 수 있어.

근시 눈에서 빛이 망막 앞쪽에 맺히는 것으로 가까운 곳은 잘 보이고 먼 곳이 보이지 않아. 안경을 낀 대부분의 학생들이 근시에 해당하지. 이는 오목 렌즈로 교정할 수 있어. 오목 렌즈 안경은 빛을 퍼뜨려서 초점거리를 뒤로 이동시키면서 상이 망막에 정확히 맺히게 해 주거든.

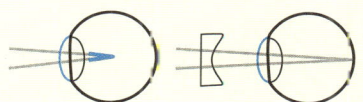

망막 앞에 상이 맺히는 근시를
오목 렌즈로 교정

원시 빛이 눈의 망막 뒤쪽에 맺히는 것으로 나이가 들면 원시가 생겨. 이는 볼록 렌즈 안경으로 교정할 수 있어. 빛을 모아서 초점거리를 앞으로 당겨서 상이 망막에 정확히 맺히게 하는 거야.

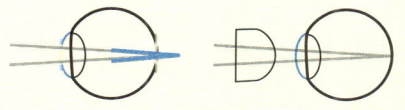

망막 뒤에 상이 맺히는 원시를
볼록 렌즈로 교정

8
듀공을 먹을 수는 없어

필리핀 원주민과 하룻밤을 보내고 난 후, 옐로우 큐와 아이들은 무사히 노틸러스호로 돌아왔다.

네모 선장은 옐로우 큐 일행의 모험 이야기를 진지하게 들었다. 그리고 유럽의 여러 나라들이 새로 발견한 땅에 도착해서 원주민을 죽이고 약탈한 이야기를 해 주었다. 말하는 중간중간 표정이 심하게 일그러졌지만, 곧바로 냉정을 되찾곤 했다.

"옐로우 큐 선생, 밀물로 수위가 가장 높아지는 시간은 낮 11시오. 그때가 되면 노틸러스호는 새로운 모험을 시작할 것이오. 앞으로 갈 곳을 알려 주겠소."

네모 선장이 옐로우 큐에게 준비한 차를 권하며 말을 이었다.

"해초를 말려 우려낸 차요. 바다에는 없는 것이 없지요. 그리고 선생의 학생들을 위해서는 따뜻한 우유를 준비했소."

옐로우 큐는 해초 찻잔을 들고 먼저 냄새를 맡았다. 차를 입에 머금고 맛을 느꼈다.

"훌륭합니다. 깊은 맛이 육지의 차에 뒤지지 않아요."

"해초가 머금고 있는 소금기를 빼내는 것이 이 차를 만드는 기술이오. 학생들도 우유를 먹어 보시오."

바다에서 우유가 날 리 없었다. 서연과 동해가 머뭇거리고 있는데, 백근이 커다란 컵을 들어 입으로 가져갔다.

"음, 이 우유 정말 진한데요."

그러면서 허리춤에 차고 있던 양념 가방에서 병을 하나 꺼내 하얀 우유에 부었다. 찐득한 검은 액체가 흘러나와 우유와 섞였다.

"히히! 흑당이에요. 흑당 라테는 최고죠."

찻숟가락으로 휘휘 저어서 맛을 본 백근의 표정이 환해졌다.

"역시 우유는 달게 먹어야 해. 너희도 줄까?"

서연과 동해가 고개를 내젓고, 각자 자기 앞에 놓인 우유컵을 들어 입으로 가져갔다. 과연, 여태껏 먹었던 우유보다 고소했다.

동해가 네모 선장에게 물었다.

"네모 선장님, 이건 고래의 젖에서 짠 우유인가요?"

"고래 젖은 치즈 만드는 데 쓰지요. 그건 듀공의 젖이오."

"척추동물문 포유강 바다소목 듀공과 듀공. 포유류는 젖을 먹여 새끼를 키우지."

"그동안의 바다 탐험에 만족하셨소?"

네모 선장이 뜬금없이 물었다. 열대의 바다, 마리아나 해구의 심해 바다 탐험은 경이로웠다. 게다가 필리핀 원주민과의 모험도 아찔했다. 이제 또 어떤 일이 닥칠까?

"아슬아슬하고 짜릿한 모험이었습니다. 또 다른 게 있나요?"

옐로우 큐가 대답과 함께 질문을 했다.

"선생, 바다는 끝이 없소. 앞으로의 항해도 평생 경험하지 못할 모험이 될 것이오."

"오, 저는 네모 선장님의 계획을 예상하지 못하겠습니다."

"노틸러스호는 남쪽으로 가고 있소. 지금은 뉴기니 근처요."

"남쪽이라? 뉴기니 남쪽은 호주 땅인데요."

네모 선장이 고개를 좌우로 흔들었다.

"호주보다 더 아래라면? 설마?"

서연이 당황해하는 옐로우 큐에게 물었다.

"선생님, 이번에는 또 어디로 가는 거예요?"

"나, 남극이란다."

옐로우 큐의 목소리가 살쯔- 떨렸다.

남극, 너무 추워서 인간이 살 수 없는 극지방. 남극은 수백 미터의 빙하로 덮인 대륙이다. 탐험가들은 노틸러스호가 있는 시대에서 50년이 지난 때에야 남극 탐험에 성공할 수 있었다. 지금 탐험을 시도한다고 해도 성공하지 못할 것이다.

서연의 걱정과 달리 옐로우 큐는 신이 났다.

"남극에 갈 수 있다니 대단합니다, 대단해요."

"그 전에 할 일이 있오. 남극에 사냥할 동물이 있겠지만, 식량을 구하는게 쉽지 않을 것이오. 뉴기니와 호주 대륙 사이에는 다양한 어종이 있다오. 우리는 그곳에서 식량을 준비한 후에 남극으로 갈 거요."

해가 서쪽으로 넘어가기 전에 잠수함이 바다 위로 올라왔다. 옐로우 큐 일행은 어로 작업을 구경하려고 갑판 위로 올라왔다.

저 멀리 호주 대륙이 병풍처럼 둘러져 있었다. 해안 쪽 바다에는 수많은 해초가 하늘하늘 춤추고 있었다. 게와 가재 같은 갑각류와 연체동물들이 해초 사이를 헤엄쳐 다녔다.

선원들이 노틸러스호에서 내린 저인망 그물을 올렸다. 그물에는 다양한 바다 생물이 걸려 올라왔다. 아름다운 빨간색 촉수를 가진 말미잘, 살아 있는 화석 앵무조개, 여덟 개의 다리를 흐느적거리는 집낙지, 검정색 먹물을 쏘아 대는 오징어, 1m나 되는 대구와 감성돔 등 정말이지 다양한 바다 생물들이 있었다.

옐로우 큐는 그물에서 물고기를 거두고 있는 선원들 옆으로 내려갔다. 그러고는 뱀처럼 기다란 물고기를 들어 올렸다.

"오, 연골어류인 칠성장어다. 어류의 조상이라고 할 수 있지."

칠성장어는 거품과 함께 미끈거리는 물질을 분비하며 옐로우 큐의 손에서 빠져나갔다.

"가오리다."

백근이 손가락으로 동그란 생물을 가리켰다. 가오리나 홍어는 보통 마름모꼴이지만, 그물에 걸린 가오리는 원형에 가까웠다. 전체적으로 갈색이었고, 검은 점들이 불규칙했다.

"옐로우 큐 선생, 나라면 그런 행동을 하지 않겠소."

네모 선장이 맨손으로 가오리를 잡으려는 옐로우 큐를 말렸다.

"네모 선장님, 우리나라에서는 가오리의 일종인 '홍어'를 발효시켜 먹습니다. 맛이 일품이죠."

"그런 뜻이 아니라. 그건 전기가오리……"

네모 선장의 말이 끝나기도 전에 옐로우 큐가 외마디 비명을 지르며 가오리를 내팽개쳤고, 이내 갑판 바닥에 쓰러져 팔다리를 부르르 떨었다. 전기에 감전되어 일시적 마비가 온 거였다. 옐로우 큐는 그런 중에도 더듬더듬 말을 해서 아이들을 경악게 했다.

"여, 연골어류 홍어목 저, 전기가오리과 전기가오리. 우, 우리나라 부산에서 시, 시끈가오리라고 불린다."

"선생님, 괜찮으세요?"

"서, 서연 학생. 나 대신 시끈가오리에게 복수해다오."

"어떻게요?"

"저, 저 녀석을 반, 반드시 저녁 식사로 먹어 버, 버리자."

서연이 인상을 찌푸리자, 백근이 대신 주먹을 불끈 쥐었다.

"선생님, 복수는 제게 맡겨 주세요."

잠시 후, 노틸러스호의 선원이 다시 저인망 그물을 내렸다. 이번에는 3m나 되는 커다란 무언가가 들어 올려졌다. 그것은 바로 책에서만 보았던 듀공이었다.

"우아, 듀공이다!"

서연과 아이들이 감탄하며 외쳤다.

듀공의 입 주위에는 수염이 많이 나 있었고, 동그란 두 개의 콧구멍과 작은 눈이 귀여웠다. 그물에 잡힌 듀공은 지느러미를 퍼덕이면서 강아지처럼 깨갱거리며 비명을 질렀다. 듀공은 살려 달라고 애원하고 있었다. 아이들은 그런 듀공을 보며 어찌할 바를 몰라 했다. 동해는 겁에 질린 듀공의 눈을 보며 안절부절못했다.

선원들이 날카로운 창을 듀공에게 들이댔다. 동해는 선원들을 막아섰다. 그러고는 네모 선장에게 부탁했다.

"선장님, 제발 듀공을 놓아주세요."

"무슨 소리야? 듀공은 중요한 식량이야. 선원들이 물고기만 먹고서는 힘을 낼 수 없어."

네모 선장이 어림없는 소리라며 눈을 부릅떴다.

"듀공은 고등 생물이에요. 인간과 교감할 수 있다고요."

"아니, 듀공은 소와 같은 동물일 뿐이야."

네모 선장의 단호함에 동해가 머뭇거렸다. 서연이 동해를 대신해 나섰다.

"선장님, 지금 이렇게 듀공을 잡다가는 멸종할 거예요."

"멸종이라니? 듀공은 바다에 차고 넘쳐. 우리는 긴 항해를 위해 이놈을 잡아서 고기를 저장해 두어야 해!"

소설 속 1860년대에 바다에는 고래와 바다표범, 듀공이 활발하게 번식하고 있었을 것이다. 하지만 21세기에 이런 동물들이 다 멸종 위기종이 되었다. 서연이 듀공을 보호해야 하는 이유에 대해 열심히 설명했지만, 네모 선장은 눈 한번 깜빡이지 않고 듀공을 잡으라고 선원들을 다그쳤다. 아이들이 듀공을 해치지 못하도록 선원들을 에워쌌다. 하지만 선원들은 거칠게 아이들을 밀어내고 듀공에게 다가갔다.

동해는 듀공의 비명을 뒤로하고 잠수함 안으로 도망치듯 뛰어 들어왔다. 숙소에 온 동해는 주먹을 꽉 쥔 채 부들부들 떨었다. 서연과 백근이 따라 들어와 동해의 양쪽에 앉았다.

"동해야, 우리도 듀공이 불쌍해."

서연이 동해를 위로했고, 백근은 말없이 동해의 어깨를 쓸어 주었다. 곧이어 뒤따라온 옐로우 큐가 난처한 얼굴로 아이들이 앉아 있는 소파 앞을 서성거리다가 어렵게 말을 꺼냈다.

"그, 그러니까 말이야. 네모 선장이 저녁 식사를 하라고……. 남극을 가려면 지금부터 체력을 보충해야 한다는구나."

옐로우 큐의 말에 동해가 고개를 번쩍 들고 소리쳤다.

"듀공 고기 파티겠죠!"

"동해 학생, 지금은 1860대의 소설 속이야. 그때는 고래를 잡아 기름을 얻었고, 듀공으로 단백질을 보충했어."

"알아요. 하지만 듀공과 눈이 마주쳤어요. 살려달라고 애원했다고요. 그런데 어떻게 먹어요?"

동해가 울먹이며 따지듯 말했다.

"소고기라고 생각하면 어떨까? 학생도 소고기는 먹잖아."

그때 백근의 배에서 꼬르륵 소리가 났다. 동해는 소파에서 일어나서 자신의 침대로 기어 들어가며 말했다.

"저녁 식사에서 저는 빼 주세요."

"네모 선장이 화났어. 자신에 대한 도전이라고 생각하나 봐. 오늘 식사 시간에 나타나지 않으면 앞으로 식사는 없을 거래."

네모 선장이라면 그러고도 남을 것이다. 잠수함에서의 규칙을 어기는 자는 용서하지 않겠다고 엄포를 놓지 않았던가! 하지만 동해는 고집을 꺾지 않고 벽 쪽으로 돌아누웠다.

"동해 학생, 여기 배고픈 친구들도 생각해야지."

옐로우 큐의 말에 서연도 2층 자기 침대로 올라가며 말했다.

"저도 동해와 같은 생각이에요. 듀공 고기는 두 분이 즐기시죠."

"서연 학생까지 이러면 어떡해? 동해를 설득해야지."

"지금껏 동해한테 도움만 받았어요. 이젠 제가 도울 차례예요."

옆에 서 있던 백근도 머리를 긁적였다.

"선생님, 할 수 없네요. 우리는 한 팀이거든요."

"그래? 마음대로 하렴. 앞으로 어떻게 되든 난 모른다."

옐로우 큐의 목소리가 까칠했다. 그대로 문이 쾅 닫혔다.

한동안 방 안에 침묵이 흘렀다. 침묵을 깬 사람은 백근이었다.

"저녁 대신 소금 먹을 사람?"

백근의 말에 동해와 서연은 누가 먼저랄 것도 없이 키득거리더니 배꼽이 빠지게 웃어댔다. 아이들은 눈물 콧물로 범벅이 된 얼굴로 웃다가 울기를 반복했다.

동해는 자기와 함께 해 주는 서연과 백근이 고마웠다. 학교에서 늘 외톨이였고 친구 따위는 필요 없다고 생각했는데, 지금은 친구들과 함께여서 무척 좋았다.

아침이 되었다. 노틸러스호는 밤새도록 남쪽으로 향해 갔다. 며칠만 지나면 차가운 남극하에 도달할 것이다.

옐로우 큐가 아침 식사를 권했지만, 서연과 아이들은 본체만체했다. 네모 선장도 만만치 않았다. 아침도 점심도 듀공 고기였다. 네모 선장은 바늘로 찔러도 피 한 방울 흘리지 않을 냉혈한 같았다.

옐로우 큐가 아이들의 마음을 모르지 않았지만, 안전을 위해 처음 약속한 대로 네모 선장의 뜻을 따라야 한다고 생각하는 것 같았다. 아이들을 설득하는 것은 자신의 몫이라고 말이다.

"얘들아, 바닷물 온도가 5℃까지 내려왔어. 남극 가까이 온 거야. 그러니 이제 그만해라. 힘이 있어야 남극 대륙을 밟아 보지. 동해 학생도 소설을 읽었으니 네모 선장의 성격을 알잖아."

동해가 힘없이 대꾸했다.

"선생님은 바다 생물을 연구하니까 잘 아실 것 아니에요. 바다 포유류는 인간과 교감할 정도로 지능이 높다고요."

"그건 그렇지만……."

"선생님이 네모 선장을 설득해 주세요."

"휴, 알았다. 백근이는 괜찮니?"

백근은 머리가 핑 돌 정도로 배가 고팠다. 하지만 우정을 배신할 수 없다며 웃어 보였다.

"이참에 다이어트 하죠, 뭐."

"너의 긍정적인 생각을 높이 사마. 네모 선장 말로는 남극해에서는 고래를 볼 수 있을 거라는데, 극장에 안 가 볼래?"

"고래를 보고 나서 신선한 고기를 얻겠다며 사냥하겠죠."

동해가 말했다.

서연은 아이들을 대표해서 옐로우 큐와 함께 바다 극장으로 갔다. 네모 선장이 팔짱을 낀 채 바닷속을 보고 있었다.

"네모 선장님, 고래는 나타났나요?"

네모 선장은 옐로우의 뒤쪽을 흘끗 보았다. 동해가 고집을 꺾고 따라 나왔는지 확인한 것이리라.

"면목이 없습니다, 선장님."

"고얀 녀석들. 감히 나를 상대로 시위하다니."

네모 선장의 팔짱 낀 손가락에 힘이 잔뜩 들어가 있었다. 화가 단단히 난 것이다. 옐로우 큐가 안절부절못한 채 서 있었다.

그렇게 한 시간쯤 흘렀을까? 저 멀리 거대한 고래가 보였다. 네모 선장이 고래를 가리켰다.

"옐로우 큐 선생, 운이 좋군요. 저건 대왕고래요. 몸집이 대략 20m는 돼 보이는군."

정말이었다. 커다란 대왕고래가 큰 입을 벌려 수백만 마리의 정어리 떼로 달려들어 한꺼번에 삼켜 버렸다.

"포유류 고래목 긴수염고래과의 현존하는 가장 큰 동물이죠. 눈앞에 있는 경이로운 생물은 심장 무게만 1t입니다."

대왕고래가 커다란 몸집에도 몸을 날렵하게 휘면서 잠수함을 피해 갔다. 이 고래는 생김새도 특이했다. 등은 어두운 잿빛이고, 턱 아래부터 나있는 백여 개의 주름이 배꼽까지 이어졌다. 그리고 입안에는 수백 개의 수염판이 있었다. 정어리 떼나 오징어 떼를 만나면 입을 크게 벌리고 입안 가득 물었다. 이때 바닷물도 같이 입속으로 들어온다. 물을 뱉어내도 물고기나 연체동물은 수염판에 걸려 빠져나가지 못하는 것이다.

"고래고기는 소고기보다 더 좋은 고기요. 또 고래 한 마리에서 2만 l 나 되는 기름을 얻을 수도 있소."

안타깝지만 맞는 말이다. 1860년대에는 고래가 많았고, 많은 사람들이 고래를 잡으며 살아갔다. 네모 선장은 저 대왕고래도 사냥할 것이다.

"선장님, 고래는 어떻게 사냥합니까?"

"왜 내가 저 고래를 잡을 거로 생각하시오?"

"그야 고기와 기름을 얻고, 치즈도 만들어야 하니까요."

"난 고래를 잡지 않을 거요. 당신들은 나를 오해하는 것 같소."

네모 선장은 잠수함 창문에 손을 갖다 댔다. 마치 유리 너머 대왕고래를 쓰다듬기라도 하듯이.

"나는 바다를 사랑하고 바다 생물을 사랑하오. 우리는 생존을 위해 최소한의 것만 잡는다는 원칙을 가지고 있소. 노틸러스호에는 저 큰 고래의 기름을 저장할 탱크가 없소."

"그럼, 우리가 먹었던 고래 고기는 뭡니까?"

"그건 작은 돌고래나 향유고래의 것이오. 그 또한 필요한 만큼만 사냥하오."

네모 선장이 이렇게까지 설명하는 건 아이들의 행동을 마음에 두고 있기 때문이었다. 듀공 사냥도 필요한 고기를 얻기 위한 것이었음을 아이들이 알아주길 바라는 것이다.

"선장님을 이해합니다. 선장께서도 학생들을 이해해 주십시오. 저희가 사는 시대에는 고래와 해양 포유류들이 멸종 직전에 있어요. 아이들은 멸종 위기의 생물을 보호해야 한다고 배우고 있죠."

네모 선장이 고개를 끄덕였다. 옐로우 큐는 네모 선장의 눈동자에서 바다를 향한 깊은 애중을 느꼈다.

"저놈들이 또 왔군."

온화하던 네모 선장의 눈빛이 한순간 날카롭게 빛났다. 멀리 고래 무리가 다가오고 있는 게 보였다. 옐로우 큐가 놀라 소리쳤다.

"네모 선장님, 향유고래가 수십 마리가 넘어요."

"향유고래는 떼를 지어 다니오. 아주 포악한 육식 고래요. 대왕오징어도 향유고래 떼에게는 간식에 불과하죠. 저놈들은 재미로 다른 고래들을 죽인다오."

네모 선장이 싸늘하게 말했다.

향유고래는 생김새가 특이했다. 사각기둥 모양의 머리가 몸 대부분을 차지한다. 아래턱은 가늘고 길었으며 수많은 원뿔형 이빨이 나 있었다. 동그란 눈이 갈라진 입 끝에 붙어 있고, 작은 가슴지느러미 때문에 귀엽게 느껴지지만, 성격은 엄청나게 포악했다.

"저 향유고래 떼가 대왕고래를 사냥하려 하고 있소. 선생, 난 저들이 대왕고래를 해치지 못하도록 도울 것이오."

네모 선장의 말에 옐로우 큐가 고개를 끄덕였다.

"좋은 생각입니다. 이길 수는 있는 거죠?"

"저들이 제아무리 강력한 이빨을 가지고 있다 한들 노틸러스호의 철갑을 뚫을 수는 없소."

네모 선장이 큰 소리로 부관을 불렀다. 달려온 부관이 선장의 명령을 기다렸다.

"지금부터 노틸러스호는 저 향유고래 떼를 공격한다."

명령을 받은 부관이 힘차게 경례하고 방을 나섰다. 그런데 선장은 부관을 다시 불러세우더니 옐로우 큐에게 물었다.

"선생, 당신이 온 시대에는 향유고래도 멸종 위기종이오?"

"맞습니다, 선장님. 사람들은 향유고래의 기름에서 화장품 원료를 얻고, 똥에서 용연향이라는 고급 향수의 재료를 얻기 위해 마구잡이로 사냥했습니다."

"부관, 다시 명령한다. 대왕고래를 구하되, 향유고래를 죽이지 말고 멀리 쫓아 버리도록."

노틸러스호는 선장의 명령대로 스크루가 돌리면서 향유고래 사이로 돌진했다. 향유고래들은 50m나 되는 노틸러스호를 보고 잠시 몸을 피하는가 싶더니 강력한 꼬리지느러미로 잠수함을 후려쳤다. 충격이 전해지긴 했지만 노틸러스호는 꿈쩍하지 않았다. 노틸러스호의 프로펠러에는 뾰족한 창이 달려 있어 속도를 내 공격하면 갈가리 찢을 수 있지만 잠수함은 속도를 줄여 위협만 했다.

향유고래들은 휘파람 같은 소리를 내면서 서로에게 신호를 보내더니 여러 마리가 동시에 노틸러스호로 달려들었다. 꼬리와 몸통으로 들이받았고 이빨로 물어뜯었다. 노틸러스호가 크게 흔들렸다. 고래 떼의 사나운 공격은 한 시간이나 계속되었다.

"옐로우 큐 선생도 보았듯이 저놈들은 겁이 없고 성격이 사납소. 이제 어쩔 수 없는 희생이 따를 것이오."

선장은 부관을 다시 불러 잠수함의 엔진을 최대 출력으로 낼 것을 명령했다. 40노트로 속도를 올린 노틸러스호를 피하지 못한 향유고래 한 마리의 몸통에 긴 창이 박혔다. 바다가 피로 붉게 물들었다. 향유고래들이 놀라 저희끼리 초음파를 내면서 멀리로 사라졌다. 싸움은 노틸러스호의 승리로 끝났다.

옐로우 큐가 주먹을 펴자, 손바닥이 땀으로 흥건했다. 그때였다. 기둥같이 꼿꼿이 서 있던 네모 선장이 배를 쥐고 허리를 숙였다. 다음 순간, 그가 우당탕 소리를 내며 바닥으로 쓰러졌다.

"선장님, 왜 이러십니까? 어디가 불편하신가요?"

"학생들에게 음식을 가져다주시오. 우리가 왜 사냥하는지 선생이 잘 설명해 주시오. 지금의 향유고래 희생도 어쩔 수 없는 것이었소. 놔두면 더 많은 희생이 따랐을 것이오."

"봤습니다. 제 눈으로 똑똑히 봤어요. 바다를 사랑하는 네모 선장님의 마음을 아이들에게 잘 설명하겠습니다."

승리를 보고하러 온 부관이 달려와 선장을 부축해 데려갔다.

다음 날 오후가 되어도 네모 선장의 모습이 보이지 않았다.

네모 선장의 이야기를 전해 듣고 아이들은 단식 투쟁을 끝냈다. 네모 선장의 안부를 물으러 간 옐로우 큐가 돌아왔다.

"네모 선장님은 어떠세요?"

"글쎄, 스트레스로 인한 장염인 것 같아."

옐로우 큐의 대답에 동해가 말했다.

"열이 나면 해열제를 먹고, 설사가 나면 지사제를 염증이라면 항생제를 먹으면 되잖아요."

옐로우 큐가 동해의 어깨에 손을 올렸다.

"안타깝게도 1860년대에는 그런 것이 없단다. 환자가 스스로 이겨 내는 수밖에 없어."

동해는 고개를 푹 숙였다. 모든 게 자신 때문인 것만 같았다. 옐로우 큐는 동해에게 미안해하지 말라며 밖으로 나갔다.

"네 탓이 아니야. 너무 걱정하지 마."

서연이 위로했지만, 동해는 계속 침울해 했다. 백근이 좋은 생각이 났는지 손가락을 튕겼다.

"우리가 네모 선장님을 위해서 특별한 음식을 요리하자."

"무슨 음식?"

"대한민국에만 있는 보양식이지. 바로 미역국과 사골국."

서연은 엄마가 끓여 주신 미역국이 생각났다. 그걸 먹고 나면 네모 선장도 금세 자리를 털고 일어날 것만 같았다.

"백근이, 너 미역국 끓일 줄 알아?"

"당근이지. 내 양념통의 참기름과 히말라야 소금만 있으면 최고의 미역국을 끓일 수 있어."

"사골은 어디서 나고?"

"주방 저장고에 뼈째 있는 그래고기가 있어. 그걸로 끓여 보자."

세 아이는 요리사에게 주방을 빌려 국을 끓이기 시작했다. 참기름으로 미역과 거북이 고기를 볶다가 물을 넣고 팔팔 끓였다. 히말라야 소금으로 간을 맞추었더니 영락없는 미역국이었다. 고래 뼈는 고기째 큰 솥에 넣고 끓였다. 사골은 오래 끓일수록 맛있다.

미역국 냄새를 맡고 선원들이 식당으로 몰려왔다. 서로 먼저 먹겠다며 아우성쳤다. 미역국 맛을 본 선원들은 너 나 할 것 없이 감탄하며 백근을 향해 엄지를 치켜세웠다.

서연과 동해, 백근은 미역국을 들고 네모 선장의 방 앞에 섰다. 조심스레 문을 두드리고 들어가니, 침대 위에 누워 있던 네모 선장이 몸을 반쯤 일으켰다.

네모 선장은 그사이 조금 여윈 것 같았다. 백근은 쭈뼛거리는 동해를 선장 쪽으로 밀었다. 침대 가까이 간 동해서 머리를 긁적이며 말했다.

"선장님, 이건 대한민국의 보양식이에요. 드셔 보세요."

네모 선장은 말없이 국그릇을 받았다. 서연이 선장 옆으로 가서 숟가락을 손에 쥐여 주었다. 네모 선장은 국을 한입 떠먹고는 잠시 눈을 감고 음미했다. 선장은 아이들을 향해 희미하게 웃어 보이고는 미역국 한 그릇을 깨끗이 비웠다. 아이들은 네모 선장이 다 먹을 때까지 잠자코 기다려 주었다.

"미역으로 이런 맛을 내다니! 조선의 음식은 좋구나."

"저녁에는 사골국을 가져올게요."

백근이 씩 웃으며 말했다.

"그래, 고맙다."

'미역국이 선장의 마음을 미역처럼 부드럽게 만든 건가?' 네모 선장 입에서 고맙다는 말이 나오다니, 서연은 놀랐다.

네모 선장은 탐욕으로 가득 찬 인간을 혐오하며 노틸러스호를 타고 바다로 숨어들었다. 차갑게 굳어 버린 선장의 마음을 자신들이 조금은 녹인 것 같았다.

옐로우의 수업노트08 : 바다에 사는 포유류와 위기의 동물들

초5-2 생물과 환경 / 중1 생물의 다양성

폐로 숨을 쉬고 새끼를 낳아 젖을 먹여 키우는 동물을 '포유류' 라고 해. 바다에도 포유류가 있어.

위기의 바다 포유류

1. 바다에 사는 포유류

고래를 제외한 해양 포유류에는 물범과, 물갯과, 바다코끼리과, 이렇게 3개과 35종이 있어. 이들은 분류학상 포유강 기각류에 해당해. 태반이 있어서 임신과 출산을 하고 젖을 먹여 새끼를 키우지. 뒷다리는 고래와 비슷하고, 앞다리는 물고기의 지느러미와 비슷해. 사람처럼 폐로 숨을 쉬어. 또한 근육에 산소를 보존하는 능력이 높아서 20분 이상 바닷속에서 활동할 수 있단다.

물범

물개

바다코끼리

듀공 개체수가 매우 적고 번식 속도가 느리기 때문에 멸종 위기 동물로 지정되어 있어. 몸이 크고 해초를 먹고 사는 바다소목에는 4종이 있는데, 3종은 '매너티'라고 불러. 듀공은 듀공과의 유일한 생존 동물이야. 듀공은 인도-태평양 해역의 해초가 펼쳐진 넓은 곳에 서식하고 있어. 얼굴이 얼핏 보면 사람과 비슷해서 「인어 공주 이야기」가 듀공에서 나왔다는 설도 있어.

듀공

강치와 점박이물범 독도에는 '강치'라 불리는 바다사자가 있었어. 일제 강점기 때 지나친 남획으로 숫자가 줄었고 1970년대 이후 발견되지 않고 있어서 멸종한 것으로 보고 있지. 서해안 백령도에는 '점박이 물범'이 있어. 지금은 100여 마리만 남아서 멸종 위기종으로 지정되었어. 귀엽고 아름다운 해양 동물들과 더불어 살아가기 위해서는 환경 보호에 힘써야겠지?

점박이물범

강치

2. 고래는 포유류, 상어는 어류

고래는 바다에 살아서 물고기로 착각할 수 있지만, 사람처럼 포유류야. 포유류는 태반이 있어서 임신하여 새끼를 낳아서 젖을 먹여 키우지. 그리고 폐로 산소와 이산화탄소를 교환하는 호흡을 해. 고래는 바닷속에 들어가서 2시간 정도 활동할 수 있어. 어떻게 그렇게 오랜 시간을 버틸 수 있을까? 바로 근육에 산소를 저장하는 능력이 뛰어나기 때문이야. 하지만 폐로 호흡하기 때문에 주기적으로 수면 위로 올라와서 숨을 쉬어야 해. 반면 상어는 고래와 비슷하지만 어류야. 어류는 아가미로 호흡을 해서 물 위로 올라올 필요가 없어. 새끼가 아닌 알을 낳지. 고래와 상어는 꼬리지느러미의 모양이 달라. 어류는 꼬리지느러미가 세로로 나 있고, 고래를 포함한 바다 포유류는 가로로 되어 있어.

고래

상어

3. 멸종 위기에 내몰린 고래

고래 사냥의 역사는 매우 오래되었어. 청동기 시대의 '울진 반구대 암각화'에 그려있을 정도로 고대부터 고래 사냥을 했지. 초기 고래잡이의 목적은 고기였어. 고래는 거대하므로 한 마리만 잡아도 고기를 많이 얻을 수 있기 때문이야. 하지만 이후로는 고래기름을 얻으려고 사람들은 고래를 무분별하게 포획했어. 석유화학 공업이 발달하기 전까지 고래로부터 많은 기름을 얻었거든. 고래는 지방층이 두껍게 발달해서 기름이 무척 많아. 이 기름은 램프를 밝히는 연료가 될 뿐만 아니라 양초와 비누, 윤활유와 피부 미용유 등 활용도가 높아. 이런 이유로 고래 사냥은 지나치게 활발해졌어. 가장 큰 대왕고래는 길이가 30m이고 무게가 100t이 넘었으니 기름이 엄청 많이 나왔겠지? 이 시기에 대왕고래가 무려 35만 마리나 포획되었어. 고래기름만 얻고 고기와 뼈는 바다에 그냥 버릴 정도였다지. 고래를 무차별하게 포획하니 개체 수가 급격히 줄어들 수밖에. 결국 고래가 멸종 위기에 놓이게 된 거지.

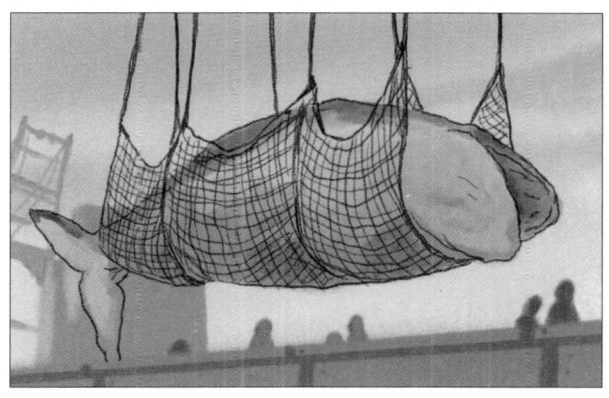

고래의 무분별한 남획을 제한하기 위해서 1946년에 '국제포경위원회'가 설치되었어. 위원회는 고래 사냥을 제한하고 보호에 힘썼단다. 그럼에도 개체 수가 줄어들자, 위원회는 1986년부터는 고래잡이를 전면적으로 제한했어. 우리나라도 1978년 가입한 후 더 이상 고래잡이를 하지 않아. 우연히 그물에 잡힌 고래나 해안에 밀려온 죽은 고래만 식용으로 이용하고 있어. 그런데 오랫동안 고급 요리에 고래고기를 사용한 일본은 고래를 잡지 말자는 약속을 어기고 2019년부터 상업적으로 고래잡이를 시작했어. 지금도 고래 고기 홍보에 여념이 없다고 해. 참으로 걱정되는 일이야.

9

혹한의 땅, 남극에서

서연은 아이들과 옐로우 큐를 따라 잠수함 갑판 위로 올라갔다. 과연 바다에는 군데군데 빙하가 떠다니고 있었다. 네모 선장이 육분의를 들고 태양 고도를 재고 있었다.

"네모 선장님, 빙하를 보니 남극에 거의 온 것 같습니다."

"여기는 남위 67도 40분이오. 남극은 위도 90도니까, 500해리(926km, 1해리=1,852m)가 남았소. 우리는 로스빙붕 쪽으로 접근할 것이오. 털옷과 털가죽 신발을 준비해 두었소. 다음번에는 그걸 입고 나오시오. 산소를 충전하고 곧 출발할 거요."

말을 마친 네모 선장은 잠수함 안으로 들어갔다.

서연은 멀리 떠가는 빙산을 보았다.

"선생님, 점점 빙하가 많아질 텐데 위험하지 않을까요?"

"서연 학생, 노틸러스호가 잠수함인 걸 잊었니? 빙산이 아무리 높아도 노틸러스호 앞에서는 문제가 되지 않아. 100m 높이의 빙산은 수면 아래로 900m가 가라앉아 있어. 하지만 11,000m 마리아나 해구까지 다녀온 노틸러스호잖아."

노틸러스호는 밤새 남극의 바다를 달렸다. 지상은 영하 10℃에 가까웠지만, 바닷속은 영상 4℃로 따뜻했다. 모두가 잠든 사이에 노틸러스호는 유빙을 피해 남극의 해저에 다다를 것이다.

잠수함 안으로 차고 신선한 바람이 불어왔다. 수면 위로 올라온 노틸러스호의 해치가 열린 것이다.

"남극이다, 나가 보자!"

옐로우 큐와 아이들은 선장이 준비한 털옷을 갖춰 입었다. 해치를 열고 나가보니 멀리로 거대한 푸른 빙벽이 보였다. 만년설로 덮인 남극의 면적은 한반도의 62배이고, 중국보다도 크다.

멀지 않은 곳에서 천둥소리가 들렸다. 푸른색 빙하가 무너져 내리는 소리였다. 무너진 빙하는 하얀 물거품을 일으키며 바닷속으로 가라앉았다. 수천수만 년 동안 쌓인 빙하는 유빙이 되어 바다를 떠돌 것이다.

그 광경을 지켜보는 네모 선장의 얼굴에 경외감이 어려 있었다.

하지만 서연은 감탄할 수만은 없었다. 150년 후, 서연이 살고 있는 지구에서는 지구 온난화로 녹아버린 빙하가 전 지구를 위협하고 있기 때문이다.

"자, 이제 남극 땅을 밟아 보시오. 빙벽이 무너지면 위험하니, 우리는 보트를 타고 낮은 곳으로 상륙할 것이오."

선원들이 잠수함에서 보트를 내렸다. 네모 선장과 옐로우 큐, 아이들과 선원 두 명이 보트에 올랐다. 단련된 선원이 노를 젓자, 1km 거리 정도는 쉽게 나아갔다. 보트는 어느새 흙과 눈이 섞인 남극 땅에 다다랐다. 옐로우 큐가 네모 선장에게 말했다.

"먼저 내리시지요. 남극 땅을 가장 먼저 밟는 사람은 네모 선장님이어야 합니다."

네모 선장이 굳게 닫힌 입술을 열었다.

"큰 영광을 양보해 주셔서 감사하오."

네모 선장이 첫발을 내딛는 모습은 감격스러웠다. 아마 네모 선장의 심장도 아이들의 그것처럼 힘차게 뛸 것이다. 선장은 감회에 젖은 눈으로 빙하가 떠 있는 남극해를 바라보았다.

"자, 옐로우 큐 선생도 어서 내려오시오."

옐로우 큐와 아이들은 손을 잡고 함께 남극 땅을 밟았다. 만년 빙하의 찬 기운이 발끝을 타고 심장까지 올라왔다.

"와, 남극의 얼음은 더 차가운 것 같아."

백근은 작은 얼음 조각을 들어 입으로 가져가 와자작 씹었다. 서연과 동해도 얼음 조각을 입에 넣었다. 액체 질소처럼 입에서 하얀 입김이 뿜어 나왔다.

네모 선장은 휴대용 온도계를 보며 말했다.

"육지로 조금 들어가 봅시다. 다행히 지금은 영하 7℃이니까 나쁜 편은 아니오."

선원이 보트에서 긴 밧줄을 꺼내 와서 일행의 허리에 차례차례 묶었다. 네모 선장이 맨 앞이었고 다음으로 아이들 세 명이 서고 맨 뒤쪽을 옐로우 큐가 맡았다. 이렇게 밧줄로 연결해야 모두가 안전하다고 선장이 말했다. 선원들은 보트 주변에 막사를 세우고 기다리기로 했다.

일행은 네모 선장을 따라 천천히 이동했다. 미끄러지지 않으려고 다리에 힘을 줘서 걸었다. 1km쯤 가니 하늘 위로 바다제비와 신천옹들이 날아다녔다. 언덕에 이르렀을 때는 수백 마리의 황제펭귄을 만났다.

"조류 펭귄목 펭귄과 황제펭귄. 펭귄 중 몸집이 가장 커."

황제펭귄의 키는 1.2m 정도로, 등이 검은색이고 배 부분은 흰색이다. 마치 검은색 턱시도를 입은 것 같았다. 하얀색 솜털을 가진

새끼 펭귄들이 부리로 쪼며 놀고 있었다.

검은색 남극 도둑갈매기가 날아다니며 시시때때로 새끼 펭귄을 노렸다. 아빠 펭귄은 짧은 두 발 사이에 새끼 펭귄을 끼고 뒤뚱거리며 도둑갈매기를 쫓았다.

주변이 차츰 어두워지기 시작했다. 날씨가 흐려진 탓이었다. 황제펭귄들이 갑자기 소리치며 한곳에 모이기 시작했다. 다큐멘터리 영화에서 본 허들링이 시작된 것이다. 날씨가 나빠지면 펭귄들은 허들링을 한다. 허들링은 펭귄들이 한데 모여 체온을 유지하면서 안쪽과 바깥쪽에서 서로 위치를 바꾸면서 무리 지어 도는 것이다. 강한 추위를 이기기 위한 황제펭귄의 생존 방식이다.

일행은 하얀 설원을 걷고 또 걸었다. 지평선에 걸쳐 있는 태양은 시간이 흘러도 지표면 아래로 사라지 않았다. 태양이 지지 않는 백야 현상 때문이었다.

1시간 동안 언덕을 오르자, 수많은 바다표범이 해안과 유빙 위에 누워 있었다. 가장 가까이 있는 바다표범이 고개를 들고는 옐로우큐 일행을 무심히 쳐다보았다. 귓바퀴가 없는 동그란 머리가 귀여웠다.

"포유류 식육목 바다표범과의 물개와 물범은 뒷다리로 구별할 수 있어요. 물개는 뒷다리가 구부러졌고, 물범은 펴 있지요."

네모 선장이 발걸음을 옮기며 말했다.

"자, 돌아서 갑시다. 바다표범은 귀여워 보이지만, 자신의 영역에 들어가면 사납게 덤빌 것이오."

"당연하지요. 사자와 호랑이 같은 식육목인걸요."

옐로우 큐가 맞장구를 쳤다. 네모 선장이 하늘을 보며 시시각각 변하는 날씨를 가늠했다.

"더 가는 것은 어려울 것으로 판단하오. 오늘은 여기까지오."

선장은 가방에서 깃발을 꺼내 불룩 솟아오른 바닥에 꽂았다. 황금색 깃발에는 알파벳 N자가 쓰여 있었다. 노틸러스호를 상징하는지, 네모를 말하는지 알 수 없었다.

눈보라 속에 흐릿하게 비친 태양을 보면서 네모 선장이 외쳤다.

"잘 있거라, 남극이여. 곧 다시 와서 남극점에 다다르리라. 태양아, 나를 기다려다오."

눈보라가 갑자기 거세지기 시작했다. 이제 돌아갈 일이 걱정이었다. 옐로우 큐가 네모 선장에게 말했다.

"네모 선장님, 큰일입니다. 우리가 온 거리가 5km인데 이런 날씨라면 가다가 얼어 죽을지도 모르겠어요."

아이들이 추워서 덜덜 떨었다. 네모 선장은 가방에서 반질반질하고 커다란 종이를 꺼냈다.

"우리는 낮은 언덕을 올라왔소. 이걸 깔고 미끄러져 간다면 한 4km쯤은 빠르게 갈 수 있을 거요."

"아, 기름종이 썰매가 되겠군요. 좋은 생각입니다."

일행은 허리에 줄을 묶은 채 한 줄로 섰다. 오른쪽부터 네모 선장, 동해, 서연, 백근 그리고 옐로우 큐 순이었다.

동해가 선장에게 물었다.

"네모 선장님, 다 같이 하나에 타고 가는 것이 좋지 않나요?"

"남극은 다르단다. 모여 있으면 모두 죽고, 흩어져 있으면 살 수 있다. 자, 준비됐으면 출발!"

네모 선장의 신호와 함께 종이 썰매가 미끄러져 내려갔다. 강한 눈보라 때문에 한 치 앞도 보이지 않았다. 공포의 썰매였다. 내려가는 속도가 어찌나 빠른지 10분 만에 황제펭귄을 만났던 곳까지 왔다. 이제 1km만 걸어가면 된다. 조금만 더 멀리 갔으면 영영 돌아오지 못했을 것이다.

하지만 난관은 끝나지 않았다. 거의 다 왔다고 마음을 놓았을 때 사고가 발생했다. 갑자기 동해가 서 있던 땅이 무너져 내린 것이다. 크레바스였다. 빙하 밑에 계곡처럼 공간이 비어 있는 곳이 있는데 위에 쌓였던 얼음이 무너지면서 아래쪽 계곡이 드러난 것이다. 크레바스의 깊이는 무시무시했다. 떨어지면 그대로 죽을 게 뻔했다.

다행히 동해는 안전줄에 매달려 살 수 있었다.

"버텨라."

네모 선장의 목소리가 울렸다. 네모 선장의 명령은 동해가 아닌, 반대쪽 일행에게 한 것이었다. 강인한 네모 선장은 다리가 얼음에 꽂인 것처럼 끄떡없었지만, 나머지 셋은 줄을 겨우 붙들고 있었다.

"이제 어떡합니까? 네모 선장님."

옐로우 큐가 외쳤다.

"가던 길로 계속 걸어가시오. 크레바스가 좁아지는 곳에 이르면 동해 학생이 빙벽을 타고 올라올 수 있을 것이오. 다만, 한 발 한 발 천천히 움직이시오. 미끄러지면 모두 휩쓸리오."

"알겠습니다. 천동해, 괜찮니?"

허리에 묶었던 밧줄이 동해의 가슴까지 올라와 압박했기 때문에 동해는 견디기 힘들었지만, 이를 악물고 소리쳤다.

"괜찮아요."

서연은 저절로 목소리가 울먹여졌다.

"동해야, 걱정하지 마! 우리가 반드시 널 구해 낼 거야."

동해가 뭐라고 말하는 것 같았지만, 들리지 않았다.

네모 선장이 강인한 팔로 밧줄을 당기며 소리쳤다.

"내 구령에 맞춰 한 발씩 이동하시오. 하나, 둘."

공중에 떠 있는 동해의 몸이 조금씩 앞으로 나갔다. 너비 5m쯤 되는 크레바스는 조금씩 좁혀졌다. 10분 후에는 폭이 1.5m 정도까지 줄었다. 동해가 소리쳤다.

"네모 선장님, 이제 올라갈 수 있을 것 같아요."

"방심은 금물이다. 네 발이 빙하에 닿을 때 말하거라."

공중에 떠 있는 몸은 조금씩 더 나아갔다.

조금만 더 가면 빙벽에 발이 닿을 것 같았다.

"이제 발이 닿았어요."

동해는 온 힘을 다해 빙벽에 오른발을 디뎠다. 그러나 순식간에 미끄러져 다시 공중에 매달리는 신세가 되었다. 그럴 때마다 옐로우 큐 쪽의 밧줄이 끌려갔다 다시 당겨졌다.

아슬아슬한 몇 차례의 시도 끝에 마침내 동해가 빙하 위로 올라왔다. 눈보라를 뚫고 서연과 백근이 달려와 동해를 얼싸안았다. 옐로우 큐도 달려와 다친 곳이 없는지 얼굴과 몸, 이곳저곳을 살펴보았다. 동해가 멀쩡한 걸 확인하고 나서 다들 안도의 한숨을 내쉬었다. 백근의 볼에 추위로 얼어붙은 눈물이 반짝 빛났다.

"친구들아, 고마워. 선생님, 고맙습니다."

네모 선장이 눈보라 속에서 나타났다.

"모두 고생했소. 우리는 살았소. 바로 앞이 보트요."

동해는 네모 선장에게 허리를 숙이고 인사했다.

"네모 선장님, 감사합니다. 저를 살리셨어요."

"너희도 나를 살렸잖니."

네모 선장의 얼굴은 온화했다. 처음 보는 표정이었다. 마음에 꼭 꼭 감춰 둔 진심이 느껴졌다. 본심은 따뜻한 사나이가 분명했다. 지구의 가장 남쪽, 혹한의 땅 남극. 세균도 살 수 없을 정도로 엄청나게 추운 빙하 세계의 모험이 이것으로 끝이 났다.

이제 잠수함은 집같이 느껴졌다. 침대는 원래부터 자신의 것처럼 편안했다. 이대로 노틸러스호에 남게 된다면?

서연이 고개를 세차게 가로저었다.

"안 돼! 돌아가야 해."

눈보라가 점점 세지고 파도가 높았지만, 바닷속은 평온하기 그지없었다. 노틸러스호의 스크루는 다시 빠르게 움직였다.

이제, 잠수함은 어디를 향해 가는 것일까?

옐로우의 수업노트 09 남극은 대륙, 북극은 바다

중2. 수권과 해수의 순환

남극과 북극은 비슷할 것 같지만 다른 점이 더 많단다.
그 차이점에 대해서 알아보자.

남극은 대륙, 북극은 바다

1. 같고도 다른 남극과 북극

남극은 남극해로 둘러싸인 거대한 대륙이고, 북극은 유라시아와 북미대륙으로 둘러싸인 거대한 바다야. 두 곳 모두 두꺼운 빙하로 이루어져 있고 평균 기온이 매우 낮아서 생명체가 살기 어려워. 남극은 북극보다 더 추워. 남극은 땅덩어리이기 때문에 달궈지기 쉬운 만큼 식기도 쉽거든. 게다가 따뜻한 해류의 영향도 받지 못해서 바다로 둘러싸인 북극보다 훨씬 더 추운 거야.

남극해로 둘러싸인 거대한 대륙, 남극

대륙으로 둘러싸인 거대한 바다, 북극

2. 빙하, 수천 년 동안 눈이 쌓여 생긴 얼음덩어리

극지방은 기온이 낮아서 눈이 내려도 녹지 않고 쌓이는데, 이를 '만년설'이라고 해. 만년설이 계속 쌓이면 무거워지면서 빙하가 되는 거야. 새롭게 내린 눈이 빙하가 되려면 무려 300년의 세월이 걸린단다. 북극에서는 빙하가 그린란드와 북극해 부근에 분포하고, 남극은 대륙 전체가 빙하로 이루어져 있어. 남극을 덮고 있는 대륙 빙하의 두께는 약 1,900m야. 윗부분이 평평한 특징이 있지.

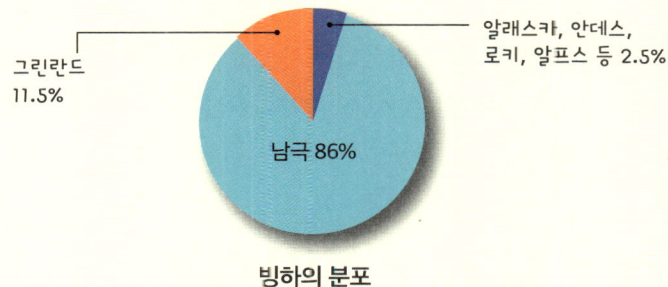

빙하의 분포

극지방의 빙하는 지구 생태에 매우 중요한 역할을 해. 지구 온난화로 빙하가 녹으면서 해수면이 높아져서 홍수가 날 수 있어. 또 태양 빛을 반사하던 하얀 눈과 빙하가 없어지면 바다가 태양 빛을 전부 흡수해서 지구의 온도가 점점 더 올라가게 될 거야. 지구의 온도가 올라가면 바닷물이 증발하는 양이 늘어나서 홍수나 자연재해가 점점 더 심해질 거고 지구에 생명체가 살기 어려울 수도 있어.

3. 극지방의 함정, 크레바스

크레바스는 빙하 표면에 V자 모양으로 갈라진 틈이야. 폭이 수십 미터에 깊이가 100m 이상인 것도 있어. 빙하가 이동하다가 얼음 표면이 깨지면서 생겨난 지형이지. 드러나 있는 크레바스는 피해 가면 되지만, 눈 아래 숨겨진 크레바스는 연구자들과 탐험가들에게는 위험한 함정이야. 극지의 탐험가들은 반드시 크레바스 구조 훈련을 받아야 하고 위험에 대비한 장비를 갖추어야 한단다. 크레바스가 나타나면 수 미터씩 떨어져서 로프를 허리에 묶고 이동하는데, 이렇게 해야 한 사람이 빠져도 다른 사람이 구조할 수 있어.

남극 온천 남극에도 온천이 있다는 사실을 알고 있니? 남극의 디셉션섬은 화산 폭발로 만들어진 말발굽 모양의 화산섬이야. 섬 안쪽에 온천이 생겼지. 눈과 빙하 대신 따뜻한 김이 올라온단다.

4. 극지에 사는 생물

북극곰 북극 최상의 포식자야. 몸길이 2~2.5m, 무게가 500kg이나 되는 거대한 몸집을 자랑하지. 북극곰은 빙하 위에서 쉬고 있는 물범을 사냥해. 지구 온난화로 빙하가 녹아서 먹이를 구하기 힘들어졌어.

이누이트족 북극해 연안에는 오래전부터 이누이트족이 극한 환경에 적응해서 살아왔어. 지금은 현대화된 삶을 살고 있지만, 예전 이누이트족은 이글루라는 얼음집을 짓고 썰매 개를 운송 수단으로 삼아서 살았어.

북극곰

이누이트족

남극 펭귄 남극은 너무 추워서 대부분의 생물이 살지 못해. 하지만 이런 강추위에도 살고 있는 생물이 있어. 바로 '펭귄'이야. 종종 텔레비전에서 황제펭귄이 발 위에 알을 올리고 품고 있는 모습을 봤을 거야.

크릴새우 남극 바다에는 크릴새우가 많아. 고래와 물고기들의 먹이라서 남극 생태계에서 아주 중요하지. 최근 남극의 크릴새우를 잡아서 만든 크릴오일이 인기인데, 알고 보면 고래와 남극 생물의 먹이를 인간이 빼앗고 있는 거야. 인간의 필요만을 생각해서 하는 일이 어떤 결과를 가져올지 생각해 볼 문제야.

황제펭귄

크릴새우

극지 탐험가와 과학 기지

최초로 극지에 간 탐험가

로알 아문센과 남극점

많은 모험가가 극지방 탐험에 도전했어. 저마다 '북극점', '남극점'을 최초로 도달하고 싶어 했지만, 온통 빙하뿐인 극지방 탐험이 쉽지는 않았지. 미국의 탐험가 '로버트 피어리'가 1909년 4월 6일에 세계 최초로 북극점에 도달했어. 하지만 그곳이 북극점인지는 과학적으로 증명할 수 없었어.

남극점에 최초로 도착한 사람은 노르웨이 탐험가 '로알 아문센'이야. 아문센 팀은 1911년 12월 14일에 남극점에 노르웨이 국기를 꽂았어. 같은 시기에 영국의 스콧 대령 일행도 남극점 도전을 시작했어. 스콧 일행은 두 번째로 남극점에 도달한 모험가가 되었지만, 돌아오는 길에 안타깝게도 눈보라를 만나서 모두 사망하고 말았어.

극지방 과학 기지

남극과 북극에는 우리나라 과학 연구 기지들이 있어. 극지방의 빙하는 지구 온난화로 점점 녹고 있어. 극지방의 과학 기지에서는 녹은 빙하를 연구해서 지구의 기후 변화를 조사해. 빙하의 퇴적물 속에는 오래전 지구의 환경 기록이 그대로 간직되어 있어서 과거 지구에서 일어났던 환경 변화를 조사할 수 있어. 또한 빙하 속에서 운석도 발견되곤 하는데, 이것들로 지구가 생겨났을 때의 환경과 태양계 행성 탄생의 비밀을 풀 수 있을지도 몰라. 북극의 다산 과학 기지는 세계에서 12번째로 세운 우리나라의 과학 기지야. 이곳에서는 북극의 기상과 기후, 북극 생태계를 연구하고 있어.

세종 과학 기지 & 장보고 과학 기지

현대 과학 기술의 발달로 남극에 머무를 수 있게 되자, 각 나라에서 영유권을 주장하기 시작했어. 국가 간 충돌을 우려해서 1959년에 '남극 조약'을 맺고, 군사적 연구가 아닌 과학적 연구만 할 수 있도록 약속했지.

우리나라도 1986년 조약에 가입하고, 1988년 '세종 과학 기지'를 설치하여 연구 활동을 계속하고 있어. 2014년에는 '장보고 과학 기지'를 추가로 완공했고, 매년 많은 대원들을 파견하여 대기와 해양, 생물과 우주에 관해 연구하고 있어.

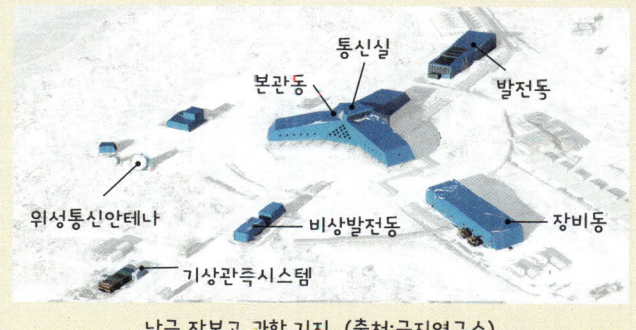

남극 장보고 과학 기지 (출처:극지연구소)

10
바다 소용돌이, 메일스트롬

    남극 모험이 끝난 후, 노틸러스호에는 며칠 동안 정적이 흘렀다. 실내는 평소보다 조도를 낮추어 어두웠다. 네모 선장이 오래도록 나타나지 않았다. 일부러 옐로우 큐와 아이들을 피하는 게 아닌가 하는 생각이 들 정도였다.
    어느 날 저녁, 서연이 옐로우 큐에게 진지하게 말했다.
    "선생님, 목적지가 어딘지도 모른 채 일주일이 지났어요."
    "그렇구나. 네모 선장에게 물어보려고 해도 만날 수가 없구나."
    "이렇게 가만있을 수만은 없어요. 결단을 내려야 해요."
    "무슨 결단?"
    옐로우 큐가 서연을 보았다.

"집으로 돌아가야죠."

백근이 고개를 끄덕였다. 집에 가고 싶어 하는 눈빛이 간절했다. 동해도 마찬가지였다. 벌써 집을 떠난 지 두 달이 훌쩍 지났다. 옐로우 큐는 마음을 점검하는 듯 한참이 지나서야 입을 열었다.

"그동안의 해양 모험은 더없이 신나는 일이었다네. 사진으로만 분류해 왔던 수많은 생물을 실제로 보았으니 말이야. 아직 경험하지 못한 바다 세계를 몽땅 탐험하고 싶지만, 너희 말대로 이제 현실로 돌아가야겠지? 마리아나 해구의 대왕오징어, 남극의 황제펭귄을 만난 것이 꿈만 같아! 그동안은 책으로만 공부했는데, 이번 일로 경험이 얼마나 중요한지도 깨달았어. 대한민국으로 돌아가면 전국을 다니면서……."

"그렇다면 선생님! 지금 네모 선장에게 가 보세요. 취침 시간이니까 방에 계실 거예요."

서연이 옐로우 큐의 말을 끊고 채근했다. 시계 바늘이 아홉 시 반을 가리키고 있었다. 옐로우 큐는 머리를 쥐어뜯으며 마지못해 자리에서 일어났다.

여기부터는 모험이 끝나고 우연히 본 옐로우 큐의 기록이다. 옐로우 큐는 그날 방을 나서서 곧장 선장의 방으로 갔다고 한다.

마구 뛰는 심장 소리가 복도에 울리는 것 같다. 우리가 잠수함을 떠나는 걸 네모 선장이 허락할까? 허락한다 해도 어떤 방법으로 돌아갈 것인가?

네모 선장의 숙소 앞에 섰다. 안에서 불빛이 새어 나왔다. 똑똑똑. 문을 두드렸지만, 한참이 지나도록 잠잠했다. 용기를 내어서 문을 열고 안으로 들어갔다. 방 안에는 온기가 남아 있었다. 방금까지 주인이 머물렀던 게 분명하다. 하지만 네모 선장은 없었다. 대신 책상 위에 두꺼운 책 한 권이 놓여 있었다. 네모 선장의 일지였다. 일지를 펼쳐 보았다. 아로낙스 박사, 콩세유, 네드 랜드의 이름이 나오는 것으로 보아 선장의 일지는 『해저 2만 리』와 관계있는 듯했다. 두꺼운 일지를 빠르게 넘겨서 소설의 마지막에 해당하는 페이지로 갔다. 마지막을 읽어보면 우리들의 운명을 가늠할 수 있으리란 생각이 들었다.

노르웨이 바다의 거대한 소용돌이 메일스트롬에서 아로낙스 박사 일행은 보트를 타고 탈출했다. 그후 아로낙스 박사는 노틸러스호가 소용돌이에 휩쓸려 산산이 부서졌다고 육지 사람들에게 전했다. 비밀을 지키기 위함이다. 박사가 노틸러스호의 강력함을 모를리 없으니 말이다.

나의 심장 박동은 미친 듯이 빨라졌다. 다시 일지를 넘겨 최근의 기록을 보았다. 네모 선장의 뚜렷한 필체가 보였다.

아로낙스 박사 일행과 헤어진 지 10년, 다시 육지 사람들을 만났다. 옐로우 큐 선생는 조선의 미래, 대한민국에서 왔다. 만약 저들이 노틸러스호의 비밀을 알린다면? 그래서 비밀이 밝혀진다면? 육지 사람들은 사회의 질서와 규범을 저버리고 심해로 숨어든 나. 적의 전함을 향해 복수의 포탄을 터뜨린 나를 가만두지 않을 것이다. 노틸러스호와 선원들을 지켜야 한다. 비밀을 아는 자는 누구도 돌려보낼 수 없다. 절대, 절대로!

아! 네모 선장의 이런 생각을 아이들에게 어떻게 전해야 할지 막막했다. 서연과 동해, 백근의 실망한 눈동자가 그려졌다.

옐로우 큐와 학생들은 내가 증오하는 인간들과는 다르다. 생명을 위할 줄 알고 자연을 사랑한다. 그들은 얼어붙은 내 심장을 다시 뛰게 했다. 지금 노틸러스호는 메일스트롬을 향해 가고 있다. 다시 한번 메일스트롬의 시공간 이동을 믿어 보려 한다. 옐로우 큐가 아로낙스 박사처럼 그곳을 통과해서 그들의 세계로 돌아갈 수 있을까? 만일 실패한다면? 그들이 가는 곳은 어딜까?

네모 선장의 고뇌가 느껴지는 일지다. 선장은 우리를 돌려보내 주려 했다. 다만, 양쪽의 목숨을 걸어야 하는 일이라서 피해 왔던 것이다. 숙소로 돌아왔을 때, 아이들은 이미 잠들어 있었다.

네모 선장이 일지를 책상에 올려 두고 자리를 비운 것은 내가 그를 찾아 방으로 올 것을 짐작했기 때문이었을까? 우리가 선장의 고민을 알아주기를 바란 걸까? 탈출을 시도하라는 네모 선장의 메시지일까? 나는 소파에 앉아서 한참 동안 깊은 생각을 하다가 스르륵 잠이 들었다.

옐로우 큐가 네모 선장의 방에 다녀온 다음 날 아침, 노틸러스호는 사이렌 소리로 시끄러웠다. 위험한 상황을 알리는 비상벨 소리였다. 서연이 놀라서 벌떡 일어나 나가보았다. 복도 천장의 붉은색 등이 연신 깜박였다. 선원들이 급히 뛰어다니는 걸로 보아 무슨 일이 일어난 것이 틀림없었다. 잠수함의 움직임도 심상치 않았다.

"얘들아, 어서 준비해!"

옐로우 큐는 책상 속 깊은 곳에 넣어 둔 Q 배지를 꺼내 주머니에 넣더니 아이들에게 소리쳤다.

옐로우 큐를 따라간 방에는 네모 선장이 있었다. 잠수함이 크게 흔들리는데도 꼿꼿한 자세 그대로였다. 옐로우 큐가 선장에게 물었다.

"선장님, 무슨 일입니까?"

"태풍이오."

"태풍이라면 빨리 바닷속으로 잠수해야 하지 않습니까? 왜 잠수하지 않는 거죠?"

"우리는 태풍의 눈으로 들어갈 것이오. 거기에 메일스트롬이 있소."

서연은 언제가 동해가 한 말을 기억했다. 메일스트롬이라면 아로낙스 박사 일행이 보트를 타고 탈출한 거대한 바다 소용돌이다. 잠수함이 심하게 흔들렸다. 창투으로 거센 비바람이 걷잡을 수 없는 물보라를 일으켰다.

얼마의 시간이 흐른 뒤, 금세라도 내동댕이쳐질 듯 흔들리던 잠수함이 한순간 고요해졌다. 태풍의 눈에 들어온 것이다.

"옐로우 큐 선생, 밖으로 나가 태풍의 눈을 감상하시오."

갑판으로 나가니, 거대한 적란운 벽이 사방을 둘러싸고 있었다. 경이로웠다. 옐로우 큐가 넋을 놓고 있는 아이들에게 구명조끼를 주었다. 눈치 빠른 서연이 물었다.

"선생님, 우리도 아나록스 박사 일행처럼 메일스트롬으로 탈출하는 거죠?"

"그렇단다. 잘못되면 다시는 대한민국으로 돌아가지 못할 거야."

서연이 비장한 눈빛으로 고개를 끄덕였다. 드디어 때가 되었다. 목숨을 잃더라도 탈출을 시도할 것이다. 갑작스러운 일에 놀란 동해가 물었다.

"네모 선장님은요? 선장님께 마지막 인사를 해야죠."

"아쉽지만 그럴 시간이 없어. 선장이 우리에게 기회를 준 거야."

옐로우 큐가 무슨 말을 하는지 알고 있었기에 잠자코 있었지만, 동해의 얼굴은 어두웠다. 현실 세계에서 외톨이였던 동해가 네모 선장과의 갑작스럽게 이별을 하고, 노틸러스호에서의 시간을 끝내는 것이 그 누구보다 어려울 것이다.

그때, 노틸러스호의 저 깊은 곳에서 희미한 오르간 소리가 들려왔다. 구슬픈 멜로디였다. 서연이 동해를 위로했다.

"동해야, 선장님도 우리와 헤어지는 게 슬픈 거야."

잔잔한 멜로디가 점점 빨라졌다. 마치 천둥이 치는 듯했다.

마침 바다 한가운데에 거대한 소용돌이가 나타났다. 네모 선장이 오르간 연주로 메일스트롬이 나타난 걸 알려 준 것이다.

옐로우 큐가 보트를 풀어 바다에 내렸다. 서연과 백근이 보트로 올랐다. 동해는 눈물을 훔치면서 보트로 내려왔다. 보트는 서서히 소용돌이로 빨려 들어갔다.

"어서 바닥에 앉아. 무엇이든 꽉 붙잡아라."

넷은 한 손으로는 가장자리 줄을, 다른 손으로는 서르의 손을 잡았다. 옐로우 큐와 아이들은 붙잡은 손에 더욱 힘을 주었다. 죽음의 공포 앞에서 아무런 생각도 나지 않았다. 그저 본능적으로 살려 달라고 기도할 뿐이었다.

소용돌이의 중심으로 들어오니 세찬 파도가 얼굴을 때렸고 지옥의 비명이 들려왔다. 메일스트롬이 보트를 산산조각 낼 것 같았다. 옐로우 큐가 주머니에서 Q 배지를 꺼내 높이 들었다. 전설이 맞다면 Q 배지가 죽음으로부터 아이들을 구해 줄 것이다.

Q 배지에서 빛이 새어 나왔다. 시간이 느려지는 듯하더니 소용돌이가 멈췄다. 저 멀리 노틸러스호 갑판 위에 서있는 네모 선장의 모습이 보였다. 강인한 바다 사나이의 양쪽 볼에 눈물이 흘러내리고 있었다.

옐로우의 수업노트 10 - 태풍은 왜 생길까?

초5-2 : 날씨와 우리 생활 / 중3 : 기권과 날씨

바다에서 태풍을 만나면 태풍의 중심부로 피해. 태풍의 눈은 고기압이라서 폭풍이 없기 때문이야.

태풍은 왜 생길까?

태풍은 열대 지방에 생긴 저기압으로 발생해.

1년 중 우리나라에는 주로 7~8월에 도달하지.

저기압? 고기압? 기압이 뭐지?

1. 공기 소용돌이 태풍

해마다 여름이 되면 일기 예보를 통해 태풍이 온다는 소식을 듣지? 태풍은 비를 몰고 오는 매우 강한 공기 소용돌이야. 미리 예보해서 예상되는 피해를 줄이려는 거야.

태풍은 열대 지방에서 생겨난 저기압이야. 열대 지방이라도 어떤 지역에서 발생했는지에 따라 각기 다른 이름으로 불린단다. 북태평양 서남부에서 발생한 열대성 저기압을 '태풍'이라 해. 대서양 서부에서 발생하는 것은 '허리케인', 인도양에서 발생하는 것은 '사이클론', 호주 북동부에서 발생하는 것은 '윌리윌리'라고 부르지. 태풍이 생겨난 이유를 알기 위해서 먼저 기압에 대해 알아보자.

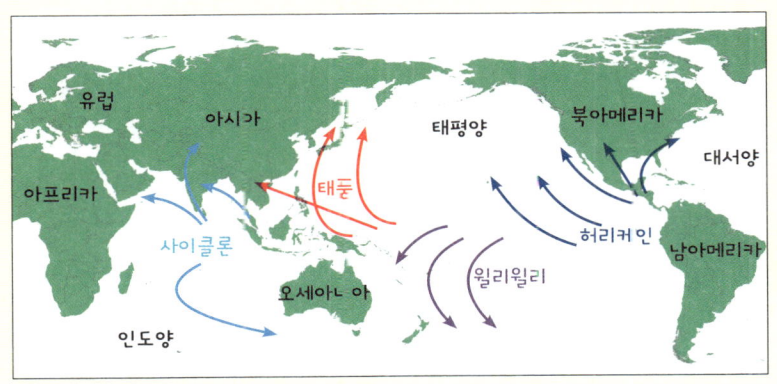

2. 저기압? 고기압?

공기가 누르는 힘을 '기압'이라고 해. 차가운 공기는 무겁고 따뜻한 공기는 가벼워. 차가운 공기는 일정한 부피에 공기 알갱이가 많아서 무거운 거야. 이 공기가 무거워져서 누르는 힘이 세지는 것을 '고기압'이라고 해. 반대로 따뜻한 공기는 같은 부피에서 공기 알갱이가 적으니까 가벼워지는데, 이렇게 공기가 가벼워져서 누르는 힘이 약한 것을 '저기압'이라고 부른단다. 예를 들어 고기압과 저기압이 있는 두 지역이 있다면 공기는 고기압 쪽에서 저기압 쪽으로 이동하지. 이와 같이 기압 차로 공기가 이동하는 것을 '바람'이라고 한단다.

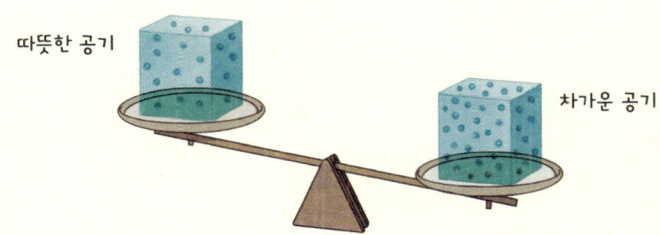

3. 낮에는 해풍, 밤에는 육풍

바닷가에 있으면 낮에는 바다에서 육지로 '해풍'이 불고, 밤에는 육지에서 바다쪽으로 '육풍'이 불어. 왜일까? 낮에는 육지가 바다보다 온도가 높아. 바다는 고기압이고 육지는 저기압이야. 공기는 고기압에서 저기압으로 흐르기 때문에 바다에서 육지로 해풍이 부는 거야. 반대로 밤에는 바다가 육지보다 온도가 높기 때문에 육지에서 바다로 육풍이 부는 거지.

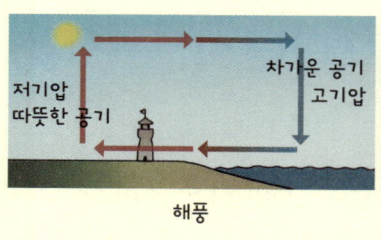
해풍

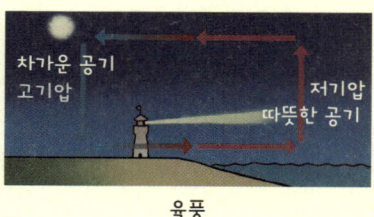
육풍

4. 열대성 저기압, 태풍

앞에서 태풍은 열대성 저기압이라고 했어. 태평양의 열대 지방에서 뜨거워진 공기가 가볍게 위로 상승하면서 강력한 저기압이 되는데, 이 저기압은 차가운 고기압 상태의 중위도로 이동하게 되지. 태평양을 지나 이동하면서 수증기를 많이 머금게 되면서 거대한 구름이 되고 점점 더 강해진단다. 태풍은 높이가 수십km이고 크기는 수백km나 된단다. 그래서 태풍이 오면 강한 비와 함께 강풍이 부는 거야.

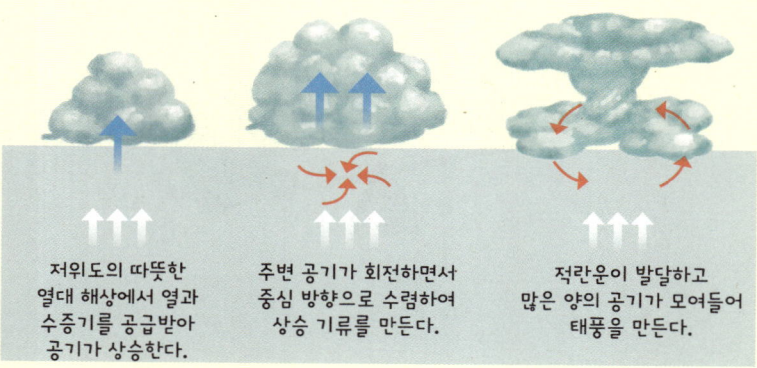

5. 태풍의 눈

태풍은 반시계 방향으로 나선형 회전을 하는데 아래 그림에 보이는 태풍의 중심부를 바로 '태풍의 눈'이라고 한단다. 그런데 태풍의 눈 안쪽은 오히려 날씨가 맑아. 태풍의 중심으로 불어 드는 강한 바람 때문에 생긴 하강 기류가 구름을 흩어지게 하기 때문이야.

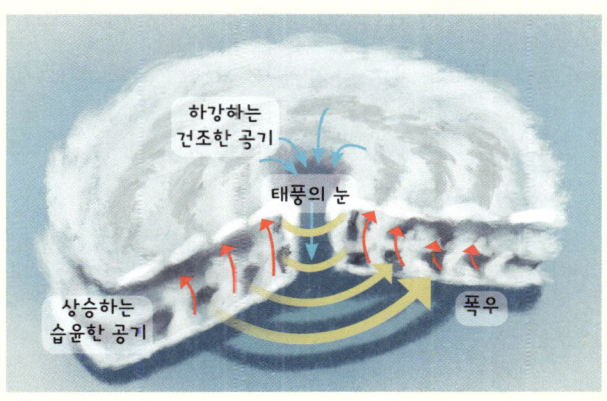

6. 태풍은 피해만 줄까?

태풍은 강한 바람을 동반하여 폭우를 쏟아 내기 때문에 지붕을 날리고, 자동차를 부수거나, 농작물을 망쳐서 사람들을 근심에 빠지게 해. 그런데 태풍이 피해만 주는 것은 아니야. 2018년에 온 태풍 '솔릭'은 효자 노릇을 했어. 생각보다 피해를 크게 주지 않은 데다 오히려 가뭄에 단비를 뿌려 주었거든. 또한 태풍은 바닷물을 섞어 주는 역할도 해. 바다의 표면 물과 심해의 물은 순환이 잘되지 않는데, 태풍이 깊은 바닷물까지 파도를 치게 만들어서 바닷물이 순환할 수 있도록 하는 거야. 이 과정에서 바다 생물의 먹이인 플랑크톤을 골고루 옮겨 주기도 해. 해양 생태계에 좋은 영향을 미친단다.

이야기를 마치며 **환상의 모둠**

서연이 눈을 뜬 곳은 병원이었다. 지진 때문에 박물관의 VR 체험실 조명이 떨어지면서 네 사람 모두 기절했다고 한다. 다행히 가벼운 찰과상을 입은 정도였지만, 모두 병원에 입원하여 각종 검사를 받았다.

먼저 깨어난 옐로우 큐와 동해, 백근이 서연의 병실 침대 주변에 모여 있었다.

"선생님, 우리가 돌아온 건가요?"

서연이 옐로우 큐에게 물었다.

옐로우 큐가 대답 대신 창밖을 가리켰다. 서연은 침대에서 일어나 옐로우 큐의 옆에 가 섰다. 저 멀리 한글로 쓰인 간판이 보였다.

다시 대한민국, 현재로 돌아온 것이다.

아무도 믿지 않겠지만, 전설의 잠수함 노틸러스호에서 두 달의 시간이 흐르는 동안 이곳은 단 하루의 시간이 지났을 뿐이다. 내일 월요일이 되면 다시 학교에 가야 했다.

"과학 창의력 발표 대회 말이야. 심해 생물을 이용한 지진 조기

경보 시스템을 연구해 보는 건 어때?"

서연의 말에 백근과 동해가 돌아봤다.

"심해 해구에서 동물들은 지진이 날 것을 미리 알았잖아. 심해 물고기에 센서를 부착하는 거야. 물고기 움직임이 빨라진다면 지진이 일어나는 것을 미리 알 수 있겠지?"

좋은 생각이라며 동해가 엄지를 들어 보였다.

"아, 노틸러스호에서 먹은 해산물이 벌써 생각나네.'

백근이 입맛을 다시며 말했다. 서연이 미소를 지으며 백근을 살짝 흘겨보며 말했다.

"오백근 학생, 이제 그만 현실로 돌아오시지!"

옐로우 큐와 아이들은 아무에게도 노틸러스호 이야기를 하지 않았다. 말해도 믿어 줄 사람이 없을뿐더러 사고로 머리가 이상해졌다는 소리를 들을 게 뻔했다.

월요일 아침, 반 아이들이 수군거렸다. 그림자 같던 동해가 활기차게 인사를 했고, 까칠한 서연도 그런 동해와 웃으며 이야기를 나누었으니 말이다. 학교에 해산물 디저트를 싸 온 백근을 모두 외면했지만, 서연과 동해는 달려들어 맛있게 먹었다.

"노틸러스호의 해산물보다는 못하지만, 지상에선 최고야."

"하하, 맞아. 그 맛은 절대 못 따라가지."

"그나저나 과학 창의력 발표 대회 연습은 언제 하지?"

동해가 서연에게 물었다.

"연습보다 먼저 해야 할 일이 있어."

서연이 두 사람을 보며 싱긋 웃었다.

"알았다. 수업 마치면 해양 박물관에 가 보자."

"오백근 학생, 오늘 배울 건 말입니다. 하고 옐로우 큐 선생님이 길고 긴 설명을 하시겠지?"

서연의 말에 백근이 고개를 절레절레 흔들었다.

"으악, 너무 긴 설명은 사절이야."

불과 며칠 전까지만 해도 서연은 백근과 동해로 이루어진 팀이 한심하기 짝이 없는 조합이라고 생각했다. 하지만 지금은 다른 누구도 대신할 수 없는 환상의 모둠이 되어 있었다.

쥘 베른의 『해저 2만 리』, 치밀한 과학 상상력이 만들어 낸 최고의 해양 소설

서연, 동해, 백근 그리고 옐로우 큐가 타고 전 세계 바다를 여행하던 노틸러스호는 프랑스 작가 쥘 베른이 1869년에 발표한 『해저 2만 리』에 나오는 잠수함이야.

『해저 2만 리』를 쓴 작가 쥘 베른은 'SF(Science Fiction)의 선구자'라고 부르기도 해. 그가 쓴 소설 『해저 2만 리』 『지구에서 달까지』 『달나라 탐험』 『지구 속 여행』 등의 소설은 대부분 과학 판타지 모험 이야기야. 쥘 베른은 지금까지도 대단한 작가로 평가받고 있어. 그가 살던 19세기는 우리가 당연하다고 여기는 과학적 사실이 채 밝혀지지 않았던 시기였음에도 불구하고, 치밀한 상상력으로 사실에 어긋나지 않는 과학 소설들을 썼기 때문이야. 닐 암스트롱이 달에 착륙한 것은 1969년이고, 바다의 가장 깊은 곳이나 남극점에 도달한 것도 소설이 나오고 훨씬 나중 일이거든. 쥘 베른이 쓴 과학 소설은 지금 읽어도 놀랍고 신기해. 꼭 읽어 보라고 너희에게 권하고 싶어.

『해저 2만 리』의 작품 속의 배경은 19세기로, 당시는 고래기름을 얻으려고 바다에서 사냥하는 일이 많았어. 그때 정체불명의 바다 괴물을 보았다거나 그 괴물과 부딪혀 피해를 봤다는 제보들이 계속 이어졌지. 괴물의 정체를 밝히고자 함선이 출항했고, 바다 괴물과 추격전을 벌이는 과정에서 바다에 빠진 파리 자연사 박물관 교수 아로낙스 박사와 그의 하인 콩세유, 작살잡이 네드 랜드는 그들이 바다 괴물로 착각한 잠수함 노틸러스호에 탑승하게 되었어. 거기에서 수수께끼 같은 인물인 네모 선장을 만나서 전 세계 바다를 누비며 모험하는 이야기야.

이 책 『옐로우 큐의 살아있는 해양 박물관』은 『해저 2만 리』를 원작으로 새로운 상상의 씨앗을 불어 넣은 동화야. 이 책을 통해 아름다운 해양 생태계를 간접적으로나마 체험하고, 위협받고 있는 지구 환경을 위해 우리가 해야 할 일이 무엇일지 생각해 보는 시간도 가졌으면 좋겠어.

옐로우 큐와 서연, 백근, 동해와 잠수함을 타고 넓은 바다를 돌아다니면서 경험한 아슬아슬한 바다 모험이 즐거웠니? 그렇다면 쥘 베른의 원작 소설인 『해저 2만 리』도 꼭 한번 읽어 보길 바라. 분명 더 큰 감동이 너희를 찾아갈 거야.

쥘 베른 (1828~1905)

『해저 2만 리』 1871년 발행 초판 도서

옐로우 큐의 편지

　전설의 노틸러스호를 타고 전 세계 바다를 누비던 추억이 아직도 생생합니다. 특이한 외모의 향유고래, 깊은 바다 암흑층 생물인 심해 아귀, 잠수함을 먹어 치우려고 덤벼드는 대왕오징어, 남극에서 허들링을 하며 살아가는 황제펭귄. 무궁무진한 바다 생물들을 다시 만나고 싶어지네요.

　생물 다양성은 생태계뿐만 아니라 우리 인간의 삶에서 매우 중요합니다. 생물은 인간에게 의식주뿐만 아니라 의약품과 에너지, 더 나아가 우리가 쉴 수 있는 쉼터를 제공하지요. 생물들과 더불어 함께 살아야만 비로소 인간도 안전한 삶을 지속할 수 있는 거예요.

　우리가 노틸러스호를 타고 바다를 항해했던 19세기는 인간이 자연을 무분별하게 훼손하던 시기였어요. 바다에 사는 고래와 물범을 마구잡이로 사냥해 기름을 추출했고, 산업화란 명목으로 생물의 서식처인 숲을 파괴했으며, 땅속에 있는 석탄 등의 화석 연료를 대량으로 파헤쳐 냈지요.

그 결과 지구의 자연환경이 오염되고 자원이 고갈될 위기에 놓였어요. 우리는 지금 미래에 대한 불안한 마음을 가지고 살고 있어요. 미세먼지 때문에 맑은 날을 자주 볼 수 없게 되었고, 호기심과 욕심으로 잡아들였던 도도새는 영영 멸종되어 버렸지요. 비교적 일찍 보호하기 시작한 고래도 개체 수가 적어져서 언젠가 멸종할지도 모르고요.

나는 여러분이 『옐로우큐의 살아있는 해양 박물관』을 읽고, 네모 선장처럼 바다와 바다 생물을 사랑하는 사람이 되었으면 좋겠습니다. 바다를 지키기 위해서는 여러분의 관심이 필요하답니다. 이 말이 막연하게 느껴질 수 있지만, 우리가 할 수 있는 일이 있답니다.

당장 플라스틱 용품 사용을 줄이고, 분리수거를 철저히 합시다. 강이나 바다로 흘러 들어간 폐비닐과 미세플라스틱이 바다 환경을 오염시키고, 바다 생물의 목숨을 위태롭게 한다는 안타까운 소식이 점차 줄어들도록 말이지요. 나는 한때 건강에 좋다고 해서 크릴오일을 먹었지만, 그것이 대왕고래의 먹이를 빼앗는 행동이라는 걸 알고부터는 먹지 않아요. 나만 생각했던 이기적인 마음을 반성했답니다.

그럼, 나는 또 다른 여행을 준비하고 있을게요. 그때도 여러분과 함께 하고 싶군요. 다시 만날 그날까지 안녕.

이미지 출처
* 이 책에 쓴 사진은 저작권자의 허가를 받아 게재한 것입니다.
* 저작권자를 찾지 못하여 게재 허가를 받지 못한 사진은 저작권자를 확인하는 대로 허가를 받고, 출판사 통상 기준에 따라 사용료를 지불하겠습니다.

옐로우 큐의 살아있는
해양 박물관

1판 1쇄 발행 2022년 05월 25일
1판 2쇄 발행 2023년 11월 25일

글 윤자영 | 그림 해마
발행인 전연휘 | 기획·편집 전연휘 | 디자인 박진희 | 교정교열 아보카도
발행처 안녕로빈
출판등록 2018년 3월 20일 (제 2018-000022 호)
주소 서울특별시 광진구 아차산로69길 29
전화 02 458 7307
팩스 02 6442 7347
@hellorobin_books
hellorobin.co.kr
blog.naver.com/robinbooks
robinbooks@naver.com

글, 그림 ⓒ 윤자영, 해마 2022
ISBN 979-11-91942-04-0
ISBN 979-11-965652-7-5 (세트)